독도 가는 길

글 김일광

동해 바다처럼 마음이 넉넉하면서도 문학은 아주 치열하게 하는 작가. 포항 섬안들에서 태어나 지금까지 살고 있다. 어릴 때는 영일만으로 흘러드는 형산강과 샛강인 칠성강, 구강에서 미역을 감으며 살았다. 40년 가까이 초등학교에서 아이들을 가르쳤으며, 1984년 창주문학상, 1987년 매일신문 신춘문예에 당선되면서 동화를 쓰기 시작했다. 초등학교 교과서에 작품이 실리기도 했으며, 대표작 《귀신고래》는 '포항시의 One Book One City'와 2008 창비어린이 '올해의 어린이 문학'에 선정되었다. 그동안 쓴 책으로는 《강치야, 독도 강치야》, 《말더듬이 원식이》, 《교실에서 사라진 악어》 등이 있다.

천천히읽는책_18

독도 가는 길

김일광 지음

펴낸날 2017년 8월 1일 초판1쇄 | 2018년 3월 2일 초판2쇄
펴낸이 김남호 | 펴낸곳 현북스
출판등록일 2010년 11월 11일 | 제313-2010-333호
주소 04071 서울시 마포구 성지길 27, 4층
전화 02)3141-7277 | 팩스 02)3141-7278
홈페이지 www.hyunbooks.co.kr | 카페 cafe.naver.com/hyunbooks
ISBN 979-11-5741-098-9 73910

기획위원 이주영 | 편집 이현배 | 디자인 김영미 정진선 | 마케팅 송유근

글 ⓒ 김일광, 2017

이 책은 저작권법에 의하여 보호를 받는 저작물이므로 무단 전재 및 복제를 금지하며,
이 책 내용의 전부 또는 일부를 이용하려면 반드시 저작권자와 현북스의 허락을 받아야 합니다.

천천히읽는책은 문장과 문장 사이에서 상상하고 생각하며 읽는 현북스의 책입니다.

 주의 종이에 베이거나 긁히지 않도록 조심하세요. 책 모서리가 날카로우니 던지거나 떨어뜨리지 마세요.

독도 가는 길

김일광 지음

여는 글

울릉도와 독도로 떠나요

　우리나라에서 울릉도와 독도를 모르는 사람은 아마 없을 겁니다. 독도를 자기네 땅이라고 우기는 이웃이 있기 때문에, 누군가가 곁에서 '독도는'이라고 말하면 곧 바로 '우리 땅'이라는 추임새가 따라 붙을 정도입니다.

　그러면 우리 울릉도와 독도로 떠나 볼까요? 마다 할 사람은 아무도 없을 겁니다. 더욱이 가지 못할 거라는 사람도 없을 겁니다. 우리나라 사람이면 누구나 마음만 먹으면 언제든지 갈 수 있지요. 왜 그럴까요? 우리 땅이니까요.

　그렇습니다. 옛날, 옛날부터 독도와 울릉도는 우리 땅이었지요. 한 번도 다른 나라 영토가 된 적이 없습니다.

　이렇게 울릉도와 독도를 우리 영토로 지킬 수 있었던 것은 많은 사람들의 노력이 있었기 때문이랍니다. 그 중에 우리가 꼭 기억해야 할 사람들이 있습니다. 혼자서 일본과 맞섰던 독전왕 안용복 장군, 70여 차례 울릉도와 독도를 드나들며 불법으로 들어온 왜인들을 수색하여 토벌했던 수토사들, 그리고 독도 의용 수비대입니다. 영토 수호의 공로자들이지요.

울릉도와 독도에 가거든 그냥 아름다운 경치에만 취하지 마세요. 영토를 지켜 낸 이 분들의 발자취도 함께 느껴 보세요. 울릉도와 독도 곳곳에는 영토 수호를 위해 희생한 분들의 손길이 고스란히 남아 있답니다. 아름다운 두 섬의 모습과 함께 그 분들의 정신도 찾아 보는 여행을 권합니다.

이 글을 쓰기 전에 첫 수토사였던 장한상의 《울릉도 사적》을 읽었습니다. 처음에는 그 기록에 나타난 길을 그대로 따라 가고 싶었답니다. 그러나 많은 시간이 흐르는 동안 자연과 사람살이의 모습이 엄청나게 변화되는 바람에 그대로 밟아 갈 수는 없게 되었습니다. 그렇지만 그 기록과 울릉도에서 전해져 오는 이야기들을 바탕으로 길을 잡았기 때문에 어느 정도 옛 맛을 느낄 수는 있었습니다.

우리나라 사람이면 누구나 한 번은 우리 땅, 울릉도와 독도를 찾아갔으면 좋겠습니다. 한 번이라도 다녀오면 울릉도와 독도를 더욱 사랑하게 될 것입니다. 이 글이 울릉도와 독도의 참모습을 알고자 하는 분들에게 작은 도움이라도 되었으면 좋겠습니다.

김 일 광

차 례

1. 강치 섬　　　　　　13
2. 수토사 재현 행사　　22
3. 첫 수토사 장한상　　34
4. 안용복 장군 충혼비　46
5. 박석창 각석문　　　55
6. 성하신당　　　　　68
7. 대풍령과 대풍감　　80
8. 성인봉　　　　　　96
9. 독도가 보인다　　　107
10. 석포 전망대　　　117
11. 안용복 기념관　　123
12. 드디어 독도　　　139
13. 한국령　　　　　158
14. 독도에 남기다　　172

독도 가는 길

울릉도

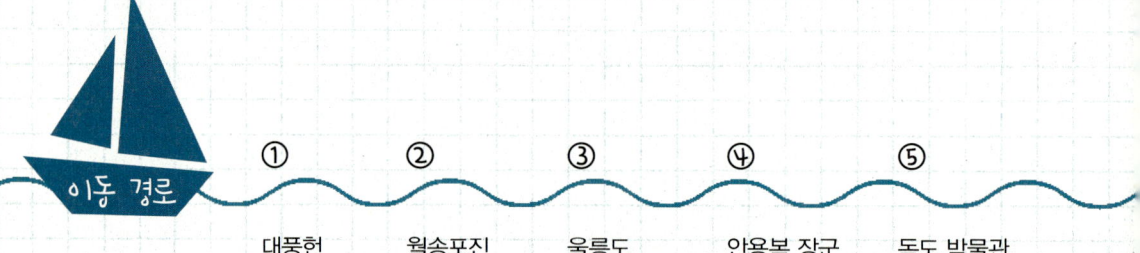

이동 경로

① 대풍헌 구산 바다
② 월송포진
③ 울릉도 여객 터미널
④ 안용복 장군 충혼비
⑤ 독도 박물관 향토 사료관

독도

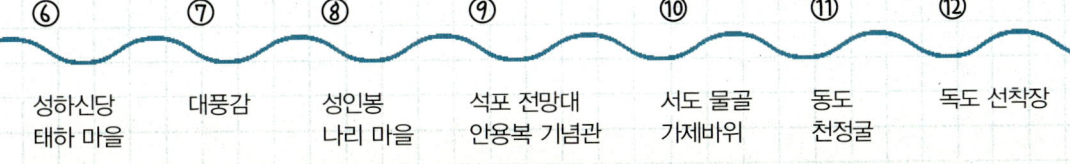

⑥ 성하신당 태하 마을
⑦ 대풍감
⑧ 성인봉 나리 마을
⑨ 석포 전망대 안용복 기념관
⑩ 서도 물골 가제바위
⑪ 동도 천정굴
⑫ 독도 선착장

1. 강치 섬

"메치가 어떻다고? 섬은 또 뭐야?"

아라는 또 내 말을 선뜻 알아듣지 못하고 웅얼거렸다.

"좀 잘 들어. 메, 치, 가, 있, 던, 서음."

"아항, 근데 메치라니, 메치는 또 뭐야? 처음 듣는 이름인데, 꽁치, 갈치, 멸치…… 뭐 그런 생선이야?"

"엊저녁 텔레비전 안 봤어? 다른 사람들은 그 뉴스를 다 봤다던데."

'헐' 하는 소리가 들렸다. 어깨도 으쓱했을 것이다. 안 봐도 뻔했다. 그러고는 뒷머리를 긁적거리고 있는 게 분명했다.

"우, 우리 집, 아니 내 방에는 텔레비전이 없거든."

"아유 답답해. 그러면 내가 인터넷 주소를 알려줄 테니 들어가서 다시 보기 한번 봐."

"알았어. 근데 도대체 뭔 일인데 그 난리야?"

"보기나 해. 보고 난 뒤에 다시 전화하자고."

구시렁거리는 아라 말이 채 끝나기도 전에 전화를 끊고는 인터넷 주소를 문자로 찍어 주었다. 그러고 보니 오랜만에 전화를 해 놓고는 바르르 짜증만 냈던 게 조금 미안했다. 내 급한 성격 때문에 아라는 종종 내 따발총 세례를 받곤 했다.

마음씨 좋은 아라니까 그냥 넘어갔지, 성질 고약한 친구 같았으면 버럭 화를 내며 인정사정없이 전화를 먼저 끊었을 거다. 아라는 말귀를 잘 알아듣지 못해서 다른 사람이 뭐라고 하면 곧장 반응을 못하고 머뭇대다가 늘 뒷북이나 치곤했다. 친구들은 어수룩한 아라를 곧잘 놀려 댔다. 아라 편이 되어 못난 친구들 놀림을 막아 준다면서도 나도 모르게 친구들과 똑같은 잘못을 저지를 때가 있었다.

"아이참, 어쩌면 좋지……."

잘못을 만회할 방법을 곰곰이 생각해 보았다.

"옳거니 바로 그거야."

나는 갖고 있던 바로 그 일본책 《메치가 있던 섬》을 보내기로 했다. 따로 설명할 필요 없이 책을 직접 보고 나면 아라도 나와 같은 생각을 할 것만 같았다. 바로 책을 포장했다. 또 뒤로 미루고 꾸물대다가는 언제 보내게 될지 모를 일이었다. 쇠뿔은 단김에 뽑으랬다고, 바로 택배로 부쳤다.

그렇게 해서 《메치가 있던 섬》은 아라에게 날아가게 되었다. 내가 다시 전화를 했을 때 아라는 이미 그 책을 다 읽은 뒤였다.

일본은 1905년 시마네 현의 내부 회람용 고시를 통해 독도를 자기네 영토라고 슬그머니 발표하고, 독도 어로 독점권을 일본 어부들에게 내주었다. 이로 인해 독도 강치는 불과 7, 8년 만에 멸종 상태가 되었다.
독도 주변 바다가 강치의 피로 붉게 물들 정도로 잔인하게 죽였다.
그 아픈 이야기를 알려 준 동화가 《강치야, 독도 강치야》이다. 그런데 이에 맞서 일본에서 《메치가 있던 섬》이라는 동화집이 나왔다. 탐욕으로 그 많던 강치를 멸종시킨 일은 감추고, 오키 섬 어부들이 독도에 드나들면서 어로작업으로 삶을 꾸렸으며, 강치와 평화롭게 어울려 살았던 것처럼 거짓을 늘어놓고 있다. 남의 땅에 불법으로 들어와서 한 생명체를 멸종시켜 놓고도 반성은커녕 거짓 이야기로 자기 나라 어린이들까지 속이고 있다.

"바로 우리 강치를 저들은 메치라고 부르는구나. 나는 그걸 몰랐네. 근데 말이야 우리 독도에 함부로 들어와서 강치를 잡아서 돈벌이를 했다는 이야기인데, 몰래 남의 땅에 들어와서 소중한 생명들을 마구 해친 일을 그렇게 자랑할 수 있을까? 더구나 그런 야만적인 일을 벌여 놓고 자기네 땅이라니 기가 찰 일이야."

"혀만 끌끌끌 차고 있을 거야? 그들이 강치를 그렇게 죽이고도 뻔뻔스럽게 자기네 땅이라고 빽빽 우겨 대는데 화가 나지 않아?"

내 다그침에 아라가 잠깐 머뭇거렸다.

"화나지. 왜 화가 안 나겠어. 그런데 내가 뭐, 어떻게 … 뾰족한 방법이 없잖아."

느릿느릿, 빙빙 도는 아라 말투가 영 마음에 들지 않았다. 그래서 짜증을 조금 섞었다.

"이번 기회에 우리 땅이라고 확실하게 못을 꽝꽝 박아 두자는 거야."

"못을 박아? 이번 기회는 또 뭐야?"

"왜구, 왜인들을 수색해 토벌하는 관리가 있었다는 기록이 있어."

"그건 나도 이번에 알게 되었어. 네가 준 인터넷 주소로 자료를 조금 찾아보았어. 수토사(搜討使)라는 관리였다지. 숙종 임금 때부터 고종 임금 때까지 약 200년 간 활동했는데, 2~3년에 한 번씩 울릉도와 독도에 들어가서 도둑질하러 온 왜인은 없는가, 섬에는 어떤 동식물들이 살고 있는가, 주변 바다에는 어떤 해초와 물고기들이 자라는가를 확인하고 기록하여 임금님께 보고를 했다고 들었어. 근데 그게 뭐?"

'어, 제법인데!'라는 말이 목젖까지 올라왔지만 꿀꺽 삼켰다. 또 아라를 무시하려는 내 못된 생각을 퍼뜩 깨달았기 때문이었다.

"그래. 일본은 우리가 독도를 버렸기 때문에 자기네들이 차지했다는 이야기를 자꾸 하고 있잖아. 주인 없는 땅이었기 때문에 자기네들이 차지하여 강치를 잡고 전복을 따고 미역을 채취했다고 떠들고 있거든."

나는 목소리를 좀 높였다. 그랬더니 아라도 조금 관심을 가지는 것 같았다. 내 마음을 그제야 제대로 읽은 모양이었다. 이번에는 오히려 아라가 화가 난 목소리로 말을 제법 길게 늘어놓았다.

"아하, 그 공도(空島) 정책이라는 거 말이지? 말도 안 돼. 독도가 뭐 쓰레기야. 버리긴 누가 버렸다는 거야. 자기네들이 지어낸 말이야. 먼 신라 때부터 우리 땅이었는데 무슨 소리야. 숙종 임금 때부터는 수토사를 보내어 우리 땅을 관리한 거야. 정말이지 무슨 말도 안되는 소리를 하고 있어."

이번에는 내가 슬그머니 목소리를 낮추었다.

"그래서 말인데 우리 이참에 수토사들이 힘들게 걸었던 울릉도, 독도 길을 한번 찾아 나서 보면 어떨까? 안용복 장군의 발자취도 살피고 ……. 어때?"

아라가 흥분했을 때 슬쩍 밀어붙였다. 그랬더니 이내 혹해서 선뜻 대답을 주었다.

"조, 좋아. 가, 가자고."

그 대답을 놓치지 않고 바로 내가 준비하고 있던 계획을 내놓았다.

"최초의 수토사인 장한상을 비롯한 여러 수토사들과 안용복 장군의 발자취를 따라서 울릉도와 독도로 가는 거야."

낯선 곳을 찾아가는 여행이었다. 아라도 망설이지 않았다.

수토사가 울릉도로 들어가기 위해
바람을 기다리며 머물던 집이야.
기다릴 대, 바람 풍, 집 헌, 대풍헌(待風軒)

울진 구산 바다

의기투합한 우리는 바로 약속을 잡았다.

"날짜와 장소를 말해. 내 마음 변하기 전에."

"5월 15일 10시 울진군 기성면 구산리에 있는 대풍헌에서 만나. 거기서 출발하는 게 좋겠어."

"대, 대풍헌? 그건 또 뭔데?"

"네가 자료를 찾아보았다는 그 수토사, 수토사가 울릉도로 들어가기 위해 바람을 기다리며 머물던 집이야. 기다릴 대, 바람 풍, 집 헌. 대풍헌(待風軒). 알겠어? 더 구체적인 거는 책이나 인터넷을 찾아서 공부해 와. 하여튼 날짜와 시간, 장소 잊지 마라."

아라가 이것저것 물을까 봐 얼른 전화를 끊었다. 너무 자세히 알려 주면 지레 겁을 먹고 뒷걸음을 칠 수도 있으니까 궁금증만 슬쩍 부추겨 놓았다.

2. 수토사 재현 행사

5월 15일 10시, 월송포진에는 '수토사 재현 행사'라고 쓴 붉은 깃발이 장군기와 함께 펄럭이고 있었다. 햇살이 가득히 내린 풀밭에서는 고등학교 형들과 누나들이 옷을 갈아입고 있었다.

　주변을 둘러보다가 조금 이상하다는 생각이 들었다. '월송포진, 월송만호진?' '월송'은 이 지역의 이름일 테고, '만호'는 지역을 지키는 벼슬아치를 말하는 것인데, '진(鎭)'은 그야말로 동해를 바라보며 적들의 침입을 막던 수군 진지라는 말이다. 그렇다면 마땅히 성곽이 있을 텐데 보이지 않았다. 아무리 눈을 닦고 보아도 그런 흔적은 없었다. 다른 사람들 눈치채지 않게 이곳저곳을 살폈지만 풀밭, 야트막한 언덕 위에는 포진과 어울리지 않는 예식장이 버티고 있었다. 그 옆으로 나이 많은 나무 몇 그루와 절이 있었다. 아라가 오면 어른들에게 물어보라고 해야겠다고 생각하면서 시계를 보았다. 그런데 10시가 넘었는데 아라는 나타나지 않았다.

　'이 느림보, 또 꾸물대고 있는 거야? …… 아차차!'

　뒤늦게 큰 실수를 깨달았다. 밤 사이에 장소가 바뀌었다는 연락을 받았는데, 변경된 장소를 아침 일찍 아라에게 알려 준다는 것을 깜빡 잊고 혼자만 달려왔다. 아라에게는 대풍헌에서 만나자고 했는데 …… 급하고 덜렁대는 내 성격은 또 문제를 만들었다.

'이걸 어쩌지?'

나는 머리를 두어 차례 쥐어박았다. 바로 아라에게 전화를 했다. 아, 그런데 신호는 가는데 전화를 받지 않았다. 약속을 잊은 것은 아닐까? 화가 나서 집으로 돌아가 버린 것은 아닐까? 전화기를 쥐고 안절부절 발을 콩콩 구르고 있는데, 10시가 조금 지나서 아라가 기웃거리며 월송포진에 나타났다. 반갑고 미안한 마음에 아라에게 달려갔다.

"미, 미안, 미안해. 장소가 변경된 걸 알리지 못했어. 내가 깜빡했어."

"한참 헤맸다고!"

아라는 숨을 헐떡이며 투덜댔다.

"용케도 찾았네. 어떻게 여기라고 알았지?"

"대풍헌에 갔더니 할머니들이 모여 있기에 물었지. 그랬더니 여기 가면 사람들이 있을 거라고 알려 주더라. 늦을까 봐 기를 쓰고 달려왔어."

나는 미안한 마음에 뒷머리를 긁적이며 슬쩍 말머리를 돌렸다.

"월송만호진이 뭔지 알아?"

"나도 까막눈은 아니야. 공부 좀 하고 왔다고."

"에이, 뻥치는 거 아니야? 아는 척하지 말고 저 사람들에게 물어보자."

아라는 콧김을 쉭쉭 뿜으며 푸르르 머리까지 흔들었다.

"진이라고 하면 조선시대 군대가 주둔하던 기지야. 만호진이라면 만호가 그 곳의 최고 책임자였다는 거지. 그 밑에 수군이 400명 정도 있었대."

"그런 큰 부대가 있었다는데 왜 아무 것도 없어? 성곽이 있어야 하잖아."

"으흠, 으흠 그건 말이다. 조선 말에 진이 폐지되고, 시간이 많이 흐르면서 돌들이 무너지고 뽑혀 나가면서 폐허가 되었지. 특히 사람들이 들어와 살면서 담이나 축대로 쓰려고 가져갔을 수도 있겠지. 그런데 어디엔가 흔적은 남아 있을 거야. …… 저기, 봐 저어기 절 뒤쪽 담 너머에 넓은 돌축이 보이잖아. 그게 성곽의 흔적일 거야."

아라가 가리키는 곳에는 성곽이 초라한 모습으로 조금 남아 있었다.

나는 아라의 얼굴을 멀거니 쳐다보았다. 그동안 잘난 척 했던 게 부끄러웠다. 아라는 머쓱해진 내 얼굴을 보며 씨익 웃었다.

"인터넷 단단히 찾아보고 왔지. 네게 기죽지 않으려고."

아라가 눈을 찡긋거리며 활짝 웃어 주었다.

"자, 여기 봐 주세요. 순서대로 줄을 한번 맞춰 봅시다."

행렬을 지휘하는 사람이 나서서 옷을 갈아입은 형, 누나들을 한데 불러 모았다.

장군기를 비롯한 깃발 든 사람들이 앞에 나서자, 말을 탄 장군이 그 뒤에 섰다. 수염을 멋있게 붙인 수토사였다. 그 뒤로 군관이 자리하였으며, 이어서 두툼한 책을 든 사람이 보였다.

"배 타고 왜적들을 수색하러 가는데 저 사람은 뭐야? 학원 가는 것은 아닐 테고."

아라가 영 어울리지 않는다는 투로 깔깔거렸다.

"아유, 조용히 좀 해. 역관이야 역관."

"아니, 역관은 왜 필요해? 무역하러 가는 것도 아닌데."

"목소리를 좀 낮춰. 울릉도, 독도로 몰래 들어온 일본 사람을 잡으면 죄를 묻고 벌을 줘야 하잖아."

"그건 그래야지."

"말이 통해야 죄를 묻고 벌을 줄 수 있잖아."

"아하, 그러네. 불법으로 들어온 일본 사람들을 잡아서 벌을 주려면 일본말을 할 줄 아는 사람이 필요하겠네. 그러면 저 사람은 일본말을 잘 하겠네."

아라가 고개를 크게 끄덕이며 뒤뚱뒤뚱 앞으로 나섰다.

"자, 자! 앞 뒤 간격을 유지해 주세요. 수토사 활동에 직접 참가했다는 생각으로 씩씩하게 걸어 주세요."

재현 행사 지휘를 맡은 사람은 어느새 잔소리꾼이 되어 있었다.

아라는 나를 버려두고 그 행렬 뒤를 재빨리 따라가고 있었다. 나도 얼른 아라를 따라잡았다. 역관 뒤로는 선줄들, 노꾼들, 격꾼들이 각각 창과 노를 들고 따랐다. 뒤에는 아주머니들도 있었다.

"아니, 배를 타고 그 멀고 위험한 길을 가는데 여자들도

불법으로 들어온 일본 사람들을 잡아서 벌을 주려면 일본말을 할 줄 아는 사람인 역관이 필요했다. 가운데 갓을 쓰고 책을 든 왜역관

선졸들

같이 갔단 말이야?"

"공부하고 왔다더니. 만호진만 찾아봤구나. 저 수토군들 밥은 누가 해 주나? 식모라는 이름으로 여자들도 여럿이 함께 갔다는 기록이 있어."

"그랬구나. 먹는 일도 엄청 중요하지."

아라는 이내 뒷머리를 긁적이며 우물거렸다.

재현 행렬에 참여한 사람이 백 명이 넘었다. 길게 늘어서

노꾼들은 인근 마을 백성들로 꾸렸다.

식모라는 이름으로 여자들도 여럿이 함께 갔다는 기록이 있다.

서 걸어가는 수토사 행렬을 보고 있는데, 언뜻 바닷바람이 불어와서 아라 모자를 훌러덩 벗겼다. 맨머리가 반짝반짝 드러났다. 모자는 바람을 타고 뱃나루를 데굴데굴 구르다가 풀썩 날아오르더니 바다에 뛰어들었다.

"네 모자가 독도로 먼저 가고 싶은가 봐."

"아, 뙤약볕. 자외선이 내 얼굴을 공격할 텐데 어떡하지?"

아라가 해를 올려다보며 얼굴을 찡그렸다.

"햇살을 적당히 받는 게 좋아. 비타민 D를 만들어야지. 걱정 말고 얼굴 펴."

어느새 대풍헌에 도착한 행렬은 임금의 명을 받는 모습을 연출했다. 수토사가 대청 아래에 서 있고, 조정에서 온 관리는 대청 위에서 임금의 명을 전했다.

"삼척 영장 장한상은 들어라! 그대를 울릉도 수토관으로 임명하노니 울릉·우산으로 들어가서 왜인들을 수색해 남김없이 토벌하도록 하라."

조선 숙종 임금 때인 17세기는 전 세계가 소빙기였다. 곳곳에서 자연 재난이 일어났다. 기온이 많이 내려갔으며 우박과 서리, 눈 등이 자주 내리는 등, 기상이변이 이어졌다. 이에 따라 기근, 전염병, 병충해 등이 끊임없이 발생하였다. 살기 어려워진 사람들은 산으로 들어가 도적떼가 되거나, 세금이 없는 울릉도와 독도로 건너가는 사람들이 생겨났다.

이때 울릉도, 독도에는 조선 사람들뿐만 아니라 일본 사람들도 국경을 넘어와서 고기잡이를 하였다. 처음에는 넓은 바다이기 때문에 서로 부딪치는 일이 없었고 조선 어부들도 이들을 크게 경계하지 않았다. 그러나 바다로 나오는 배와 사람들이 많아지면서 다툼이 일어나기 시작하였다.

1693년 봄이었다. 안용복·박어둔이 탄 울산에서 온 배와 부산 가덕도, 전라도에서 출발한 배가 42명의 어부를 싣고 울릉도 근해에 들어오면서 두 나라 어부들 사이에 다툼이 벌어졌다. 미리 싸움 준비를 하고 온 일본 어부들은 안용복과 박어둔을 일본으로 납치해 갔다.

그러나 안용복은 그들에게 기죽지 않고 오히려 "울릉도는 조선의 땅이고, 나는 조선인으로서 우리 바다에서 고기를 잡는데 왜, 끌고 왔느냐?"고 당당하게 항의를 하였다. 이 문제는 일본 막부에 올라갔고, 막부는 '울릉도는 조선 땅이다.'라는 서계(書契 조선과 일본을 오갔던 공식 외교문서)를 주며 안용복을 조선으로 돌려보냈다. 이때 일본 막부로부터 받은 서계에는 울릉도는 조선 땅임을 분명히 밝혔으며, 그 부속 도서인 우산도(독도)도 포함된 것이었다. 하지만 돌아오는 길에 대마도(쓰시마) 도주는 이 외교문서를 빼앗고 안용복을 감금하였다. 그리고 죽도(울릉도)가 일본 땅이므로 조선인들이 고기 잡는 것을 금지시켜 달라는 내용으로 서계를 위조하여 조정에 보냈다.

  우여곡절 끝에 조선 조정에서는 울릉도가 조선의 땅임을 명백히 하고, 1694년 일본의 무례함을 엄히 나무라는 예조의 외교문서를 일본에 전달하였다.

  이 울릉도 쟁계(爭界 두 나라 사이에 울릉도를 두고 벌인 교섭) 진행 과정에서 "이 기회에 울릉도의 형편을 자세히 살펴서 주민을 이주시켜 거주하게 하고 진을 설치한다면, 일본의 침탈을 막아낼 수 있다."고 한 남구만의 의견에 따라 삼척 영장인 장한상을 최초의 수토사로 울릉도에 파견하게 되었다.

"예에, 분부 거행하겠습니다."
  수토사는 공손하게 임금의 명을 받들었다. 그러고는 돌아서서 군사들을 향해 명령했다.
  "각자 맡은 일에 따라 울릉도로 떠날 준비를 하여라."
  수토사의 명을 받은 수토군들은 재빨리 짐을 나르기 시작했다.
  이미 건너편 구산포구에는 울긋불긋 깃발을 올린 배 여섯 척이 기다리고 있었다.

"우리도 저 배를 타는 거야?"

아라가 내 귀에다 대고 겁먹은 소리로 물었다.

"그러고 싶어?"

"우리도 울릉도, 독도로 가는 게 아니었어?"

"가야지. 그런데 배는 달라."

"저 배보다는 좋은 거겠지? 나는 멀미를 해서 말이야."

"자동차와 같은데 뭘 겁을 먹고 그래?"

"배가 좀 …… 아무래도 자동차와는 다르지……."

아라가 썩 내켜 하지 않으며 주춤주춤 뒷걸음을 쳤다. 더 끌었다가는 뒤돌아서 가 버릴 것만 같았다.

"오늘은 재현 행사잖아, 그러니까 저 배는 옛날 모습을 꾸며 놓은 거야. 우리는 내일 울릉도 가는 여객선을 타고 갈 거야. 쾌속선 말이야."

"그렇다고 미리 말해 주어야지. 괜히 겁먹었네."

불퉁거리는 아라를 데리고 울릉도 여객선이 머물러 있는 터미널로 옮겨 갔다.

3. 첫 수토사 장한상

여객선 터미널에는 이른 아침인데도 사람들로 북적였다.

"아니, 울릉도 가는 사람들이 이렇게나 많아?"

"풍랑 주의보로 며칠 동안 배가 출항을 못했대. 그래서 이렇게 몰린 거래."

아라는 모든 게 낯설다는 얼굴로 두리번거렸다.

"너희들뿐이야? 함께 가는 어른은 ……."

검표원이 아라를 보고는 고개를 갸웃거렸다.

"제 친구하고 둘이 가요."

내 말에 검표원이 고개를 갸웃거리며 주의를 주었다.

"배에서 소란을 피우면 안된다. 다른 사람에게 피해를 주면 곤란하다 이 말이야. 알았지?"

"걱정 마세요."

우리는 표 검사를 한 뒤에 여객선에 올라갔다. 우리 자리는 맨 꼭대기 층이었다. 멀미에 대비해 미리 약을 한 병씩 마셨다. 배낭을 의자 밑에 넣고 자리를 잡는 사이에 배가 기우뚱기우뚱 움직였다.

드디어 배가 출발했다. 두어 차례 고동을 울리더니 배는 바다를 향해 성큼성큼 나아갔다. 항구를 빠져나온 배는 점점

울릉도 여객선은 포항, 강릉, 후포 등에서 출발한다.

속도를 높이기 시작했다.

배가 바다 가운데에 접어들자, 사람들은 의자에 가만히 앉아 있지 않고 슬금슬금 일어나기 시작했다. 창 너머로 바깥을 살피거나 친구들과 음식을 나누기도 했다. 바다는 참으로 잔잔했다. 마치 호수 위를 달리는 것처럼 고요하게 나아갔다.

"아무것도 없잖아."

앞자리에 앉았던 사람이 창밖을 살피다가 돌아오며 옆 사람에게 말했다.

"뭐가 있겠어. 동해는 말이야 황해, 남해와는 달라."

"보이는 거라고는 온통 바닷물뿐이야."

"섬이 없어서 심심하지?"

아마 남해나 황해 쪽에서 여행 온 모양이었다.

"섬으로 가면서 섬이 없대."

아라가 내 귀에 대고 흉을 보았다. 앞 사람들에게 들리지 않도록 나도 아라에게 속삭였다.

"맞아. 울릉도, 독도가 있는데 그곳까지 가는 과정에 섬이 없다는 말이겠지?"

우리는 입을 막으며 키득거렸다.

창밖을 내다보던 사람들이 하나둘 자리로 들어와서 앉았다.

"이때 우리가 나가보는 거야."

나는 아라를 일으켜 창가로 데리고 갔다. 호미곶 등대 꼭대기가 설핏 사라졌다. 영일만을 완전히 벗어난 모양이었다. 그때, 창에서 멀지 않은 바다 위로 갈매기들이 모여들기 시작했다.

"저기 저, 갈매기들 봐."

아라가 소리쳤다. 갈매기들이 바다로 뛰어들고 있었다. 먹을 게 있는 모양이었다. 새우 떼가 온 게 틀림없었다. 새우 떼가 몰리면 고래도 올 텐데라는 생각이 퍼뜩 들었다. 아니나 다를까, 그 말을 기다렸다는 듯이 돌고래 두어 마리가 풀쩍 뛰어 올랐다. 이어서 세 마리, 네 마리가 높이 날아올랐다.

"돌고래다!"

나도 모르게 탄성을 질렀다. 아라는 입이 딱 벌어져 다른 말을 하지도 못했다. 물론 눈도 똥그래져 있었다.

"뭐라고? 고래라고?"

내 고함 소리를 들은 사람들이 우르르 몰려왔다. 좁은 동그란 창에는 서로 밖을 보겠다는 사람들로 뒤엉켰다. 돌고래가 몰아 놓은 먹이를 갈매기들이 나눠 먹고 있었다. 여객선이 그 곁을 지나자 배를 채운 돌고래들이 장난을 걸면서 따라오기 시작했다. 마치 이어달리기를 하듯이 한 마리가 뛰어오르면 그 다음에 다른 고래가 앞서서 뛰어 올랐다. 또 다른 고래가 이어 달렸다. 한참 동안 여객선과 나란히 달리기를 하던 돌고래들이 서서히 뒤로 멀어져 갔다.

"야! 이런 감동은 처음이야."

"맞아, 가슴이 터질 것 같아."

"동해에 고래들이 돌아온 게 사실이구나."

"그 많았다던 고래들이 우리가 나라를 잃은 사이에 다 사라졌잖아. 이제부터라도 우리가 지켜야 해."

고래를 본 사람들은 자리로 돌아가서도 고래 이야기를 나누었다.

"동해에는 어떤 고래들이 있었어?"

아라는 다른 사람들의 이야기를 엿듣다가 내게 물었다.

"음, 가장 먼저 떠오르는 게 귀신고래지."

"귀신고래? 귀신이라니?"

"우리 해녀들이 붙인 이름이야. 동해에 그 고래가 많았대. 울산 반구대 바위그림에도 나오잖아."

"진짜 귀신은 아니고?"

"무슨 소리야. 사람들과 친해서 해녀들이 물질할 때 슬그머니 나타났다가 귀신처럼 사라진다고 그렇게 부른 거야."

"그 고래가 우리 바다에 많았는데 일본이 다 잡은 거야?"

"일제강점기 동안 그렇게 되었다고 봐야지. 거의 멸종 상태가 되고 말았지."

"멸종!"

일본의 한 포경 선장이 쓴 일기.

1899년 1월 13일, 경상도 영일만에 들어갔는데, 100두의 귀신고래 떼가 들어와 있었다.

1899년 1월 18일, 영일만 동북동 20마일 정도, 사방팔방에 참고래 득실, 30-40마일에 걸쳐 고래뿐이었다. 배가 빨리 갈 때는 고래 등 위로 올라가기도 하고 고래가 배를 향해 오기도 했다. 그 수를 따지면 몇 천 두에 이르러 쉽게 그 수를 알 수 없었다.

그만큼, 물 반, 고래 반이라고 할 만큼 영일만을 비롯한 동해에는 고래가 많이 살고 있었음을 알 수 있다. 특히 1899년이라면 한일 병합이 이루어지기 전인데도 이미 영일만까지 일본 포경선이 자기네 바다인 것처럼 휘젓고 다녔음을 알 수 있다. 뿐만 아니라 환경운동연합이 국제포경위원회의 통계를 근

거로 작성한 자료를 보면,

1911~1945년 동안 일본이 한국에서 잡은 귀신고래는 모두 1,306마리에 이르렀다. 1902~1909년 245마리, 1910~1919년 987마리, 1920~1929년 271마리, 1930~1939년 48마리, 1940~1949년 13마리였다. 이렇게 한 생명체를 마구 잡은 결과, 안타깝게도 1977년 1월 3일, 귀신고래는 울산 동구 방어진 앞 8km 해상에서 2마리가 남쪽으로 이동하는 모습이 관찰된 것을 마지막으로 우리 바다 동해에서 사라지고 말았다.

'멸종!'이라는 말을 몇 차례 되뇌던 아라는 한동안 말이 없었다. 고개를 숙인 채 가만히 앉아 있던 아라가 제 가슴을 툭툭 치면서 답답함을 진정시키고 있었다.
"우리 땅을 우리 힘으로 지키지 못하면 어떤 일이 일어나는지를 똑똑히 알려 준 셈이지."
내 말 끝에 아라는 고개를 끄덕이며 혼잣말처럼 중얼거렸다.

"그렇지. 사람만 희생되는 게 아니야 뭇 생명들에게 감당할 수 없는 피해가 덮쳐 오는 거지."

안타까운 마음에 가슴이 저려 왔다. 우리는 서로 애써 말을 꺼내지 않았다.

우리를 태운 여객선은 망망한 바다 가운데를 달리고 있었다. 해는 하늘 가운데 올라와 있었다. 약간 어지러운 느낌이 왔다. 아라가 걱정이 되었다. 배를 처음 타기 때문에 멀미약을 먹었지만 그래도 걱정이 되었다. 아라도 힘든지 눈을 꼭 감고 있었다.

"멀미 나는 거 아니지?"

"멀민가 봐. 어지럽고 토할 거 같아."

"좀 버리면 좋은데……. 시원한 데 잠깐 나갔다 오자."

아라를 데리고 바람이 들어오는 곳으로 나갔다. 바닷바람을 깊이 들이마시고 나니 한결 좋아졌다. 몸을 추스른 아라가 스트레칭을 한 차례 하고 나더니 물었다.

"나라에서는 왜 하필 장한상을 최초 수토사로 뽑았을까?"

아라는 여전히 몸을 이리저리 흔들었다.

장한상의 위패를
모셔 두고 제사를
지내는 의성 경덕사

장한상 영정.
(옛날부터 전해지던 것은
도난 당하고 후손들이 새로
그려 둠)

3. 첫 수토사 장한상

"그건 말이야. 재미있는 이야기가 있어. 장한상은 호랑이처럼 덩치가 크고, 무예에도 굉장히 뛰어났던가 봐."

장한상은 1676년 무과에 등과하여 선전관이 되어 임금이 계시는 궁궐을 지켰는데, 호랑이 세 마리가 성 안으로 들어와서 사람들을 해치고 다녔다. 모두 겁을 먹고 벌벌 떨고 있을 때, 장한상이 혼자 나가서 맨 손으로 호랑이 두 마리를 때려잡고 한 마리는 생포하여 그 호랑이를 타고 다녔다고 한다. 그만큼 힘도 세고, 무예가 뛰어났다고 한다.

1682년에 훈련원 부정(副正)으로 통신사 일행과 함께 일본에 다녀온 적이 있었다. 이때 신체 건장하고 무예가 뛰어난 장한상을 본 일본 사람들은 장한상을 보는 것만으로도 기가 죽었다고 한다. 이를 잘 알고 있던 조정에서는 1694년 8월에 장한상을 울릉도 첫 수토관으로 임명하였다.

"아하, 일본 사람들 사이에는 장한상에 대한 소문이 널리 퍼져 있었으니까 장한상 이름만 듣고도 벌벌 떨며 항복, 항복

할 거라 이 말이지."

"그런 것도 노렸겠지."

우리는 서로 마주 보며 고개를 크게 끄덕이고는 자리로 돌아왔다. 될 수 있는 대로 의자에 깊이 몸을 기대었다. 멀미약 때문인지, 흔들거리는 배 덕분인지 우리는 다행이 스르르 잠이 들고 말았다.

4. 안용복 장군 충혼비

"일어나, 일어나라고."

아라가 나를 흔들어 댔다. 나는 정신없이 잠에 빠져 있었다. 사람들이 죄다 짐을 들고 출입문 앞에 줄을 서 있었다. 하품을 늘어지게 한 뒤에 눈을 비비며 배낭을 메고 줄 끝에 가서 섰다.

"벌써 울릉도 도동항이네!"

"이제 정신이 돌아왔어? 가만히 내버려 둘걸. 그랬으면 다시 돌아갔을 텐데."

아라가 내 옆구리를 쿡 찌르고는 혼자 큭큭댔다. 멀미약 때문에 잠이 깊이 들었던 모양이었다. 고개를 몇 차례 흔들고, 또 하품을 늘어지게 하고 나니 그제야 정신이 조금씩 돌아왔다.

"짐은 다 챙겼지?"

"네 걱정이나 해. 짐은 모두 각자 등에 붙어 있잖아. 이제 어디로 갈 거야. 계획은 잘 기억하고 있겠지?"

아라가 자꾸만 놀리는 투로 말했다.

"너 자꾸 까불면 버려두고 나만 가 버릴 거야."

"아이쿠 무서워라. 버려지기 전에 내가 먼저 가야지."

아라는 장난스럽게 허둥거리며 먼저 문을 빠져 나갔다.

긴 비탈 계단을 따라 내려와서 울릉도에 첫 발을 디뎠다. 바닷물이 바로 발뒤꿈치를 따라와서 찰박찰박거렸다. 가게마다 마른 오징어와 호박엿, 울릉도 묵나물들이 펼쳐져 있었다. 나는 길옆에 비켜서서 울릉도 관광지도를 펼쳤다. 멀지 않은 곳에 도동 약수공원이 보였다. 손가락으로 짚으며 아라에게 일러 주었다.

"여기로 먼저 갈 거야."

"약수공원! 우리는 수토사 길을 찾아온 거 아니야? 약수는 육지에도 많다고. 고생, 고생하고 와서 겨우 약수야? 독도는 언제 갈 거야?"

"알아, 안다고. 약수 먹으러 울릉도까지 온 거 아니니까 잠자코 따라와."

방방 뛰며 대드는 아라 등을 툭툭 다독이면서 처음부터 오르막으로 시작되는 울릉도 길을 따라 약수공원으로 갔다.

들머리에 있는 안용복 장군 충혼비 앞에 섰다.

"안용복 장군 비를 보러 간다고 처음부터 제대로 말을 해 줘야지."

아라는 충혼비가 듣고 있기라도 한 듯이 작은 소리로 내게 따졌다. 나는 싱긋 웃어 주며 옷매무새를 바로 했다. 나란히 서서 경건하게 묵념을 하고는 먼저 안내판에 적힌 안용복 장군에 대한 기록을 읽어 보았다.

안용복 장군 충혼비문은 노산 이은상이 짓고 이봉춘이 쓴 것으로, 1964년 경남 안씨 문중에서 세웠다고 적혀 있었다. 안용복은 조선 숙종 때 동래의 어민이며 능로군(평민과 천민의 혼성 부대)에 속해 있던 미천한 사람이었으므로, 그의 전기는 본래부터 확실히 알 수 없는 것이나 울릉도와 독도의 영유권을 확보하는데 큰 공을 세웠으며, 후세 사람들에 의해 장군이란 칭호를 받은 분이라고 했다. 숙종 임금 때, 일본이 우리의 울릉도를 일본의 죽도라 하며 불법으로 고기잡이와 도벌을 일삼고 있을 때, 민간인으로서 일본에 건너가 울릉도와 독도가 조선 영토임을 알리고 침범하지 않겠다는 문서까지 받은 분이라고 적혀 있었다.

아라는 비 뒤로 돌아가면서 작은 글씨로 희미하게 쓰인 이은상 선생의 시를 한 자, 한 자 손가락으로 짚어가며 읽었다.

동해 구름 밖에 한 조각 외로운 섬
아무도 내 땅이라 돌아보지 않을 적에
적굴 속 넘나들면서 저 임 혼자 애썼던가.
상이야 못 드릴망정 형벌 귀양 어인 말고
이름이 숨겨진다 공조차 묻히리까.
이제 와 울릉군 봉하오니 웃고 받으소서.

나도 시를 읽고 또 읽었다. 가슴이 먹먹해 왔다. 아라는 글자 하나하나를 외우고 싶은지 되뇌고 있었다.

충혼비 곁에는 나지막한 비가 또 있었다. 한자로 적혀 있어서 어리둥절해하고 있었더니 지나가던 아저씨가 '창명고도비'라며 그 뜻을 자세히 설명해 주었다.

滄溟孤島國防干城　於村泰化於民至情
창명고도국방간성　어촌태화어민지정

넓고 큰 동해의 외로운 섬이 나라를 지키는 성이 되었으니 마을마다 태평하고 백성들은 정겹도다.

안용복 장군 충혼비

 울릉도와 독도를 두고 쓴 글임을 단박에 알 수 있었다. 망망한 동해에서 든든한 성이 되어 우리나라를 지켜온 섬, 울릉도와 독도를 우리는 외롭게 해서는 안 되겠다는 생각이 들었다.
 "그런데 안용복 장군이 후세 사람들이 장군이라는 칭호를 주었다면 그게 언제쯤일까?"
 궁금한 것을 못 참는 아라가 또 고개를 갸웃거리며 끙끙댔다.

"글쎄, 누구에게 물어봐야 할까?"

우리가 이야기 나누는 모습이 재미있었는지 '창명고도비'를 설명해 주던 아저씨가 아직 곁에 서 있었다.

"뭐가 궁금하지?"

마음씨 좋은 아저씨는 빙그레 웃으며 키 높이를 우리와 맞추었다.

"안용복 장군은 신분이 미천하고, 숙종 때는 귀양을 간 것으로 알고 있거든요. 그러면 장군은 언제, 어떻게 되었다는 거예요?"

또박또박, 천천히 궁금한 것을 물었다.

"아하, 그게 궁금했구나. 참 안타까운 일인데 말이야. 나라에서 임명한 게 아니란다. 어쩌면 그래서 더욱 자랑스러울 수도 있지만 ……."

"무슨 일인데 그렇게 뜸을 들이세요. 시원하게 말씀해 주세요."

아라가 아저씨 팔을 잡으며 대답을 재촉했다.

안용복을 '장군'이라고 부른 것은, 1954년 부산의 대동문 교회라는 민간단체에서 안용복 행적을 높이 평가하고 '독전왕 안용복 장군' 추존식을 거행한 것이 장군으로 칭하게 된 계기였다.(독전이란 싸움을 감독하고 사기를 북돋워 준다는 뜻이다.) 그 후 1957년 안용복 장군 기념회를 발족하였고, 1960년 3월 《안용복 장군 약전》을 발간하였다. 1964년 경남 안씨 문중에서 그에게 장군 칭호를 붙여 울릉도에 '안용복 장군 충혼비'를, 1967년에는 부산 수영공원에 '안용복 장군 충혼탑'을 건립하였다. 수영공원에는 안용복 장군의 사당인 '수강사'를 건립하기도 하였다.

　　이처럼 그는 어부였지만 울릉도와 독도 수호에 큰 공을 세웠기 때문에 후세 백성들이 장군이라는 칭호를 부여하였다. 국가에서 장군으로 임명한 것이 아니라 백성들이 안용복의 업적을 평가하고, 장군이라는 칭호가 마땅하다는 생각에서 내린 것이기에 더욱 자랑스럽다.

"맞아요. 나도 장군이라고 부르는데 한 표 찍겠어요. 안용복 장군도 자랑스럽고, 그런 생각을 하고 실천한 사람들을 칭찬해 주고 싶어요. 장군님! 한 점 부끄러움이 없는 자랑스러운 우리들의 장군이 맞으세요."

　　안용복 장군 충혼비를 바라보면서 뿌듯한 마음으로 우리는 크게 외쳤다.

5. 박석창 각석문

"저쪽 향토 사료관과 독도 박물관에도 가 보아라. 공부할 게 많을 거다."

아저씨는 제법 큼지막한 오른쪽 건물들을 가리켰다. 우리는 고맙다는 인사를 드리고 그쪽으로 뛰어갔다.

"얘들아! 향토 사료관에서는 박석창 각석문을 꼭 보아야 한단다."

후다닥 뛰어가는 우리들 뒤통수에다 대고 아저씨가 소리쳤다.

"예. 아참참! 근데 친절한 아저씨는 누구세요?"

"나? 너희들 앞에 있는 독도 박물관 관장이란다."

"네에!"

후다닥 뛰어가던 우리는 깜짝 놀라서 그대로 멈추었다. 아저씨는 허허허 웃으며 손을 흔들어 주고는 도동항 쪽으로 내려갔다. 우리는 얼떨떨한 얼굴로 아저씨 등을 보면서 한참 동안 손을 흔들었다.

"박석창 각석문이 어디 있지요?"

우리는 안내실 작은 창 안으로 머리를 들이밀며 다짜고짜 물었다.

"아이쿠, 깜짝 놀랐네. 얘들아, 사료관에서는 그렇게 뛰고 달리고, 문을 벌컥 열면 안 된단다. 여기 있는 전시물들은 찢어지거나 깨어지면 다시 고칠 수 있는 게 아니야. 그러니까 조심, 또 조심. 알았지? 자, 이리 와. 내가 안내해 줄게."

아주머니 한 분이 나오시더니 친절하게 우리를 전시실 가운데로 데리고 갔다. 우산국 이야기와 옛 울릉도 유물들 사이에 마름모 모양의 돌덩이가 유리 상자 속에 앉아 있었다. 가만히 들여다보았더니 희미한 글자들이 얼굴을 드러냈다. 아래에 붙여 놓은 설명을 먼저 읽어 보았다. '울릉도 도동리 신묘명 각석문'이라는 이름이 달려 있었다. 고개를 갸웃거리는 우리에게 안내 아주머니가 찬찬히 설명해 주었다.

"이 비는 말이다. 울릉도 도동에서 발견되었는데, 1711년을 이르는 '신묘년'이라는 글자가 새겨져 있어서 이름을 그렇게 붙인 거야."

"아, 어려워요."

"그렇지? 나도 그렇게 생각하고 있단다. 한자로 적어 놓은 비는 어쩔 수 없다지만, 설명이라도 누구나 알 수 있게 적어 두면 좀 좋을까. 왜 이렇게 어려운 말로 썼는지 정말 이해할 수가 없어."

아주머니도 고개를 절레절레 흔들며 아랫부분을 먼저 읽어 보라고 했다.

경상북도 문화재자료 제413호인 각석문은 1937년 도동 항만 공사 때 바다에서 인양한 것이다. 당시에는 2기가 있었으나 현재 1기만이 남아 있다. 각석문의 내용 중에서 '삼척 영장 겸 첨절제사 박석창'은 1711년 1월부터 1712년 12월까지 삼척 영장으로 재임한 사실이 있다. 당시 조선 조정에서는 정기적으로 울릉도를 수토하여 왔는데, 당시 삼척 영장으로 재임 중이던 박석창이 1711년 5월 울릉도를 수토하였으며, 이 각석문은 당시에 새겨진 것으로 추정하고 있다.

비석은 가로 70cm, 세로 80cm의 부정형 현무암으로, 평탄면에 2단으로 새겨 넣었고 새겨진 글자의 크기는 2cm 내외이다.

이 각석문은 약 300년 전 조선 조정이 정기적으로 수토의 목적으로 삼척 영장 등을 울릉도에 파견하였다는 생생한 증거로서, '태하리 임오명 각석문 및 태하리 광서명 각석문'과

박석창 각석문

함께 근세 울릉도 개척기의 흐름을 입증하는 귀중한 향토 사료이다.

"2기가 있었는데 왜, 하나는 없어졌어요?"
그 중요한 비를 잃어버렸다는 게 믿어지지 않았다. 그래서 나는 따지듯이 물었다.

"그러게 말이다. 도동항 공사할 때가 일제강점기였으니까 일본 사람들이 다른 마음을 먹은 거겠지. 그런데 그 비에 새겨진 글자들을 기억하는 사람들이 있어서 대강 내용은 전해지고 있단다. 그나마 참 다행스러운 일이지."

"그 내용이 어떻게 돼요?"

아라는 궁금해서 못 견디겠다는 얼굴이었다.

"박석창 각석문보다는 시대가 뒤인 1735년에 만들어진 것이었대. 높이가 47cm, 바닥 너비가 37cm, 상부 너비가 19cm였으니까 조그만 했던가 봐. 크기가 작았던 만큼 감추거나 빼돌리기가 좋았는지도 모르지.

내용은 '擁正十三年乙卯閏四月初八日搜討官三陟營將具億軍官崔獜朴元昌倭學金善義(옹정 십삼년 을묘 윤사월 초팔일 수토관 삼척 영장 구억, 군관 최린·박원창, 왜학 김선의)'라고 새겨져 있었다는 거야."

"안타깝고, 분하고, 화나고 그런 감정이 마구, 마구 부글부글거려요."

아라가 두 주먹을 쥐고 버럭버럭거렸다.

"아, 열 받아."

머리 꼭대기에서 펄펄펄 열이 날 것만 같았다. 나라를 빼앗겼을 때 우리가 지키지 못한 게 한두 가지가 아니었다.

"애들아! 조용, 조용. 다른 사람들도 보고 있잖아. 화가 나지만 다시는 그런 일이 없도록 노력하는 게 더 중요한 거야."

안내 아주머니가 우리를 진정시키는 사이에 같이 관람하던 한 사람이 말했다.

"저 비에 쓰인 한자를 해석해 주실 수 있어요?"

"물론입니다. 제가 하는 일이 바로 그것이지요."

아주머니는 천천히 읽은 다음 알아듣기 쉽게 풀이해 주었다.

신묘년(1711년) 5월 14일에
배를 왜선창에서 대풍소로 옮기고,
서툰 글 한 구절을 적어 뒷날에 알리고자 한다.(바위에 세워 놓다.)
만 리 넓고 푸른 바다에 장군이 되어 배를 타도다.
평생을 충성과 신의에 바쳤으니
험난한 일이 닥친다고 하여도 걱정하지 않노라.
수토관 절충장군 삼척 영장 겸 첨절제사 박석창,
군관 박성삼·김수원, 왜학 박명일

목숨을 걸어야 하는 수토의 일을 마친 수토사의 흡족한 마음을 느낄 수 있는 시였다. 평생 동안 충성과 믿음으로 오직 나라 구하는 일에 매달렸던 장군의 모습이 그려졌다. 다시 험한 파도를 헤치며 육지로 돌아가야 하지만 임무를 완수했기 때문에 오히려 모든 걱정이 사라진다는 그 마음이 생생하게 느껴졌다.

"박석창 수토사가 한 일 중 중요한 게 또 있다고 하던데요?"

문득 울릉도 지도 이야기가 떠올랐다.

"지금 막 설명하려고 했는데, 박석창 수토사는 수토 활동을 마치고 〈울릉도 도형〉이라는 울릉도 지도를 그려서 조정에 올렸지. 그것을 비변사에서 보관하고 있었어. 그 지도에는 울릉도의 부속 섬은 물론이고, 심지어는 주변 바위들까지 자세히 그려 놓았대."

"우와, 그렇게나 자세히요."

아라 눈이 휘둥그레졌다.

지도 이야기를 듣는 중에 문득 질문거리가 생각났다. 무엇인가 꼭 집어지지는 않았지만, 일본 사람들이 〈울릉도 도형〉

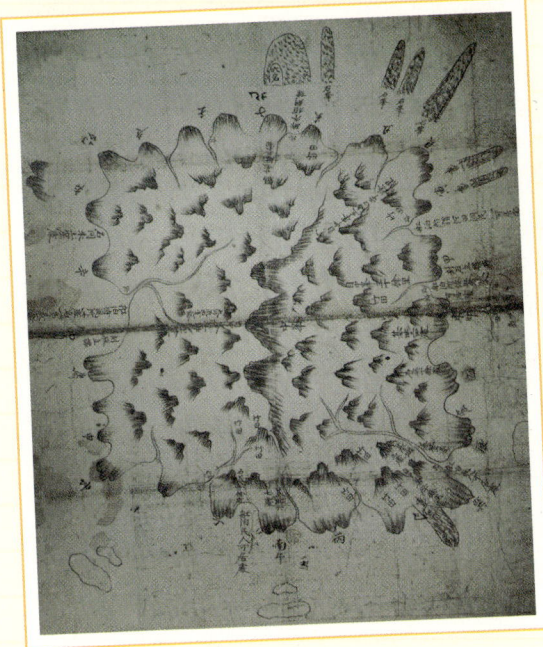

〈울릉도 도형〉

을 갖고 시비를 건다는 이야기를 들은 것 같았다.

"저어, 어디서 들은 이야기인데요. 어렴풋이 기억나는 건데 일본에서 그 지도를 가지고 독도를 자기네 땅이라는 증거로 들이댄다던데 그건 무슨 말이에요?"

안내 아주머니는 집게손가락으로 나를 팍 겨누며 눈을 찡긋했다.

"빙고! 저 학생은 완전 독도 박사감입니다."

그러자 주위에 둘러섰던 관람객들이 모두 나를 바라보았다. 아라도 엄지를 내 앞으로 쓱 내밀었다.

"그 학생 참 똑똑하네."

"공부를 많이 하고 왔나 봐."

사람들이 한 마디씩 칭찬을 했다. 나는 얼굴이 붉어지고 민망해 고개를 푹 숙여 버렸다.

안내 아주머니는 칭찬하는 말들이 수그러들기를 기다렸다. 그리고는 말투를 바꾸었다. 지금까지는 우리에게만 설명했는데 관람객이 모여들면서 그들도 안내를 해 달라고 했기 때문이었다.

"예, 그 지도에 오늘날 도동 앞에 '해장죽전(海長竹田) 소위 우산도(于山島)'라며 섬을 그려 놓았답니다. '대나무 밭, 이른바 우산도'라는 뜻이지요. 이를 두고 일본에서는 '오늘날 댓섬인 죽도가 우산도 즉 독도이다. 그러니까 박석창은 독도를 조선의 땅으로 표시하지 않았다.'라고 억지를 부린답니다. 그런데 한번 생각해 보세요. 아니 이 지도부터 한번 보면……."

안내 아주머니는 복사된 〈울릉도 도형〉을 펼쳤다.

"우산도의 위치가 좀 이상합니다. 저동은 도동보다 북쪽에 있지요. 또, 저동에서 북쪽으로 더 올라간 내수전 앞에 섬이 하나 있죠. 그 곁에 관음도가 있습니다. 바로 이 섬이 정확하게 죽도 즉 댓섬입니다. 그들 말대로 우산도가 댓섬이라고 하면 현재 이 지도에 그려진 것 보다 훨씬 더 북쪽으로 올라가서 그려져야 한다는 겁니다. 그런데 도동 앞에 있다는 것은 비록 거리에서는 약간의 문제가 있지만 우산도는 댓섬인 죽도를 표시한 게 아니라는 게 바로 드러나지요."

"그런데도 억지를 부린다 이 말이지요?"

뒤에 서 있던 사람이 큰 소리로 말했다.

"아하 참! 문제야 문제. 멀쩡한 우리 땅을 자꾸만 빼앗으려는 저들 심보를 정말 모르겠어. 박석창 전에 울릉도를 다녀갔던 장한상 수토사의 《울릉도 사적》에서 이미 죽도와 독도가 다르다는 것을 밝혀 두었는데 말이야."

관람객 중 할아버지 한 분이 혀를 끌끌끌 찼다.

"잘 말씀하셨습니다. 수토사 장한상의 《울릉도 사적》에서는 댓섬, 즉 죽도를 이렇게 적고 있지요."

10월 초3일까지 머물렀다. 우리가 그 곳에 머물러 있는 기간 계속 비만 쏟아졌고, 해는 보이지 않았다. 눈과 비가 번갈아 퍼부어 중봉 허리에 한 자 남짓 눈이 쌓였다. 섬 주변을 배로 돌아보니, 절벽이 하늘을 찌를 듯이 겹겹이 솟아 있고 언덕 위 바위틈으로 물이 졸졸졸 흐르고 있었다. 작은 물줄기와 시냇물은 쉼 없이 흘러서 모진 가뭄에도 마를 것 같지 않았다. 섬은 이틀 간 돌아서야 다 돌 수 있었는데, 거리가 5,60리에 불과하다고 할 수 있을 것 같았다. 남쪽 해변에는 대나무가 자랐고 농사를 짓던 밭이 있었다. 그 곳에서 동쪽으로 5리쯤 떨어져 그리 크지 않은 섬 하나가 있었다. 바닷가 한쪽에 대나무 숲이 우거졌다.

바로 죽도, 즉 댓섬을 꼭 집어서 5리 쯤 떨어진 동쪽 섬이라고 이미 말하고 있었다. 우리는 복잡하게 그려진 〈울릉도도형〉을 찬찬히 살펴보았다. 섬을 자세히 살피고 일일이 기록한 그 정성이 고스란히 느껴졌다.

어느새 해가 지고 있었다. 배에서 꼬르륵 소리까지 났다.

"아이, 배고파."

아라가 내 얼굴을 보며 슬슬 배를 문질렀다. 그러고 보니 먹은 게 없었다.

"그러면 마을로 내려가서 오늘 잘 곳을 정해 놓고 밥 먹자."

"아니야. 밥부터 먹어. 배가 너무 고파서 다리에 힘이 다 빠져 버렸어."

아라가 엄살을 부렸다.

"알았어. 뭘 먹고 싶은데? 메뉴를 정해."

"아까 배에서 내려서 식당 앞으로 지나오는데 육지에서는 볼 수 없는 메뉴가 있었어."

"그래 그게 뭔데?"

"따개비밥!"

"그런 게 있었어?"

먹성 좋은 아라가 식당을 지나면서 일찌감치 음식 이름들을 살펴본 모양이었다. 우리는 식당으로 향했다. 따개비밥은 어떻게 나올까. 무척 궁금했다.

6. 성하신당

아침 일찍부터 서둘렀다. 꾸물대는 아라에게 잔소리를 퍼부었다. 아라는 여전히 뒹굴뒹굴, 수도 없이 하품이나 해 댈 뿐 몸을 일으킬 생각은 하지 않았다. 그냥 두면 다시 엎어져 잘 태세였다.

"빨리빨리 움직여! 꾸물대면 그냥 두고 나만 갈 거야."

다시 더 큰소리로 잔소리를 퍼부었다. 태하를 거쳐 가는 버스를 타야 했다. 관광객들이 몰려나오기 전에 빨리 가고 싶었다. 천천히 아주 천천히, 잔소리를 해 댄 효과가 나타나기 시작했다. 아라는 부스스 눈을 비비며 일어나 세수를 하고는, 느릿느릿 제 짐을 꾸리고 있었다.

나는 먼저 버스 정류장으로 나갔다. 터덜터덜 뒤따라 나오기는 했지만, 아라는 영 여행하는 얼굴이 아니었다. 여전히 눈에 잠이 가득했고, 입은 한 발이나 내밀고 있었다.

"태하 가서 맛있는 거 사 줄게."

아라를 달랠 때는 뭐니 뭐니 해도 군것질이 최고였다.

"안 사 줘도 돼."

아니 웬일, 의외로 아라는 심드렁하게 대꾸했다.

"웬일이야?"

"내가 뭘 ……."

영 시비였다. 말을 걸어 보아야 더 좋은 말이 나올 것 같지 않았다. 이럴 때는 기분이 스스로 풀릴 때까지 기다리는 게 최고였다. 버스는 마치 어색한 우리 기분을 알기라도 하듯이 타자마자 출발했다. 꼬불꼬불 울릉도 도로를 몇 차례 돌고 나서 이내 바다가 확 트인 해안 길을 달렸다. 사동항이었다. 공사가 한창이었다. 기사 아저씨가 설명해 주었다.

"머잖아 이곳에 비행장이 완공되면, 울릉도 올 때 비행기로 올 수도 있을 거야."

"오호, 비행장을 만들어요?"

아라가 창에 매달려 바다 쪽을 바라보았다.

"그럼 바다로 길게 나간 저 공사가 활주로 자리야?"

아라 기분이 조금은 풀린 모양이었다. 입도 쑥 들어가 있었다.

"독도 가는 배를 여기서 탄다고 하던데 맞아요?"

독도 갈 일이 걱정되었다.

"맞아. 그런데 미리미리 배가 출항하는지 알아봐야 한단다. 파도가 높으면 결항하거든. 또 간대도 파도가 높으면 독도에 내릴 수가 없어."

나는 수첩에 적어둔 여객 터미널 전화번호를 확인했다.

"그래, 언제 독도 들어갈 거야?"

기사 아저씨가 물어 왔다.

"모레 가려고요."

나는 다시 수첩을 들고 기사 아저씨 뒷자리로 옮겨 앉았다.

"그러면 말이다. 내일쯤 전화로 배편을 예약해 두어라."

이야기를 나누는 사이에 버스는 가두봉 등대를 지나고 있었다.

"저 앞에 저 바위 멋있다."

아라가 엉덩이를 들썩였다.

"거북바위야. 새끼 거북도 있단다. 어디 한번 찾아봐."

기사 아저씨는 버스 속도를 줄여 주었다.

"내려가면 해안에 깔린 몽돌도 참 예쁘단다."

그러고 보니 울릉도 바위와 해안 모습이 육지와 달라 보였다. 검고 날카로운 바위들은 함께 혹은 혼자서 신비한 분위기를 만들어 내고 있었다.

버스가 터널 앞에서 천천히 멈추었다.

"왜, 안 가세요?"

"저 앞 신호등에 빨간불이 들어왔잖아."

"울릉도에도 신호등이 있네. 그런데 터널 신호등이야."

아라는 신기한 물건이라도 보듯이 멀거니 터널 가운데 걸린 신호등을 쳐다보았다. 터널에서 차들이 줄을 이어 달려 나왔다. 가만히 보니까, 양방향으로 갈 수 있는 넓은 길이 아니라 외길이었다. 그 신호를 따라 교대로 터널을 오고 가도록 되어 있었다.

"울릉도는 좁은 화산섬이기 때문에 넓게 길을 낼 수가 없단다. 그래서 서로 양보하면서 교대로 사이좋게 터널을 지나다니게 만들었지."

그런 터널을 여러 곳 지나는 사이에 사자바위, 곰바위, 학포 해안을 지났다.

제법 넓은 밭을 지나서 태하 마을 입구에 닿았다. 섬마을치고는 제법 크다는 느낌이 들었다.

"어디 갈 거야?"

우리를 내려 주면서 운전기사 아저씨가 물었다.

"성하신당부터 가려고요."

"제대로 찾아왔네. 바로 옆이야."

"오호, 감사합니다."

지도를 펼치고 고민할 필요도 없이 키 큰 소나무가 우리를 맞았다. 바로 길옆 안내 표지판이 눈에 들어왔다. '성하신당 입구'. 바로 큰길 옆에 성하신당이 자리 잡고 있었다. 힘 안 들이고 쉽게 들어갈 수 있어서 참 좋았다. 소나무가 늘어선 길을 따라 신당 안으로 들어갔다. 동남동녀상이 얌전하게 앉아 있었다.

"동남동녀가 무슨 뜻이야?"

아라가 제단 앞에 적어 놓은 글자를 보고는 물었다.

"뭐라고 할까……. 깨끗한 총각, 처녀라고 하면 되겠다."

"이 신당에는 왜 왔어?"

"이 신당에는 전해지는 이야기가 있어. 근데 우리 조상들은 울릉도와 독도를 어떻게 지켰는지를 바로 그 이야기 속에 숨겨 놓았어."

"그래애! 그런 이야기라면 들어 봐야지. 빨리 해 줘."

"잘 들어 봐. 일본이 독도를 자기네 땅으로 정한 시기가

동남동녀상

성하신당

1905년이야. 그 근거가 '시마네현 고시'라는 것인데, 자기네 땅이라고 한 이유가 우리가 독도를 버렸기 때문에 자기네들이 주인 없는 땅을 차지했다고 주장하고 있어. 바로 조선의 공도 정책을 두고 하는 말이거든. 그런데 섬을 비운다는 그 '공도 정책'이라는 말은 일본의 주장이고, 우리는 '쇄환(刷還)' 즉 백성들을 안전하게 돌보기 위해 육지로 불러들인 것이야.

 왜구들의 침략과 약탈은 삼국시대부터 있어 왔어. 특히 고려 말, 조선 초에는 충청도, 전라도, 경상도 내륙까지 출몰해 약탈과 방화, 납치를 일삼았어. 너무나 많은 백성을 괴롭힌 거야. 나라에서는 이런 위험에서 백성들을 지키기 위해 울릉도, 독도를 근거로 살아가던 백성들에게 쇄환을 명했어. 또 조정에서 걱정했던 것은 울릉도에 많은 사람이 살고 있다는 소문이 나면 왜구들이 침입을 할 것이고, 울릉도를 근거지로 하여 강원도까지 침략해 올 수도 있다는 점이었거든.

 그래서 태종과 세종 임금은 관리를 보내 백성들을 데리고 나오게 한 거야. 백성들을 안전하게 보호하려는 뜻이었지. 그러나 일본은 이를 두고 조선이 공도 정책을 펴면서 독도와 울릉도를 버렸다며 지금까지도 떼를 쓰고 있는 거야."

긴 이야기를 아라는 가만히 들어 주었다. 성하신당 전설은 바로 그 때부터 전해지는 이야기였다.

    1417년 조정에서는 종4품 삼척 만호 김인우를 안무사로 삼아 울릉도, 독도 사람들을 육지로 이주하게 하였다. 명을 받은 김인우는 전선 두 척을 황토구미에 정박시켜 놓고 섬사람들을 찾아 모았다.
    육지로 출항을 앞둔 날 밤, 김인우의 꿈에 수염이 허연 해신이 나타나 동남동녀 한 쌍을 섬에 남겨 두고 가라고 하였다.
    다음날, 김인우는 꿈이 조금은 찜찜했지만 출항을 명령했다. 그러자 갑자기 풍파가 일더니 갈수록 심해지는 것이었다. 그러기를 며칠이 지나도 바람이 가라앉지 않았다. 다른 방법이 없었던 김인우는 섬사람들을 모아 놓은 곳으로 가서, 소년과 소녀 한 쌍을 뽑아서 자기가 머물던 곳에 필묵을 두고 왔으니 가져오라고 심부름을 시켰다. 그 소년과 소녀가 사라지자 거짓말처럼 풍랑이 가라앉았다. 그 기회를 타서 김인우는 총총히 닻을 올리고 떠날 수 있었다고 한다.

무사히 육지로 돌아온 안무사 김인우는 섬에 두고 온 동남동녀를 잊을 수가 없었다. 여러 해가 지나 다시 울릉도 순찰 명령을 받고 섬으로 들어가서 지난번 머물렀던 곳으로 찾아갔더니, 그 자리에 동남동녀가 서로 얼싸안은 채 죽어 있었더라고 한다. 안무사는 두 사람의 영혼을 달래기 위하여 그 곳에 사당을 지어 제사를 지냈다.

"동남동녀는 남겨진 사람들이구나. 다 떠나고 버려지다니 얼마나 힘들었을까. 너무 슬퍼. 이 가슴 아픈 이야기에 뭘 숨겨 놓았다는 거야?"

이야기를 다 들은 아라가 슬픈 얼굴로 가슴에다 두 손을 모았다.

"이야기가 말하려고 하는 것은 바로 이것이야."

"그래 그게 도대체 뭐야?"

"울릉도에서 사람들을 몽땅 데리고 나간 게 아니라는 거야. 깨끗한 소년과 소녀를 남겨 두었다고 했지? 그러니까 우리는 울릉도와 독도를 버린 것도 아니고, 섬을 비운 것도 아니라는 말이지. 남녀 한 쌍을 남겨서 아기를 낳고 대를 이어가며 이 땅을 지키도록 했다 이 말이야."

우리는 성하신당 앞 나무의자에 앉았다. 솔잎 사이로 바람이 지나갔다. 또 한 차례 바람이 속삭속삭 다가왔다. 그 바람은 그들이 기억하고 있던 모든 사실을 이야기해 줄 것만 같았다. 바람만이 아는 비밀은 무엇이었을까. 하늘의 뜻은 생명의 씨앗을 남겨 두라는 것이었다. 그렇다면 뒤에 따라오는 이야기는 아무리 생각해도 수상했다.

김인우가 여러 해 지난 뒤 다시 울릉도를 찾았을 때는 그 동남동녀가 죽어 있었더라는 말인데, 영 믿어지지가 않았다. 왜냐하면 섬 백성들은 태종 임금 때 다 데리고 갔다고 생각했지만, 세종 임금 때도 울릉도에는 사람들이 남아 있었다. 자기네들을 데리고 나가려는 관리들을 피해 백성들은 섬 곳곳에 숨어 있었다. 이들은 배가 떠난 뒤에 궁금한 나머지 안무사 일행이 머물렀던 곳으로 와 보았을 것이다. 그렇다면 분명히 동남동녀와 만났을 것이고 그들을 도왔을 것이다. 이 이야기가 전해져 오다, 뒷날 누군가가 이야기 뒷부분을 덧붙인 게 틀림없었다.

우리나라는 마을마다 제당이 있고 터주를 마을신으로 모

시고 있다. 터주는 그 마을에 가장 먼저 자리 잡은 사람을 기리는 일종의 조상신이다. 그런 풍습을 미루어 본다면, 동남동녀는 태하리 더 나아가서 울릉도에서 새롭게 정착을 이룬 조상신으로 생각해도 틀리지 않을 것이다. 중요한 것은 우리는 울릉도를 비우지 않았다는 것이다. 우리가 쇄환 정책으로 울릉도와 독도를 버렸기 때문에 자기네들이 차지했다는 일본의 주장이 얼마나 억지인가를 이 이야기는 말해 주고 있다.

또 한 차례 바람이 큰 소나무 가지를 흔들었다. 그 바람을 따라 동남동녀가 성큼 신당을 걸어 나와 태하 앞바다를 내려다보았다. 바다가 호수처럼 잔잔해졌다. 오늘도 동남동녀는 울릉도, 독도 바다를 지켜 주고 있었다.

7. 대풍령과 대풍감

우리는 태하 마을 골목길을 따라서 천천히 걸었다. 개척 마을의 옛 모습이 간간히 남아 있었다. 집 앞 의자에 앉아 있던 할아버지 한 분이 말을 걸어왔다.

"육지에서 왔구먼."

"예, 할아버지."

예절 바른 아라가 재빨리 꾸벅 인사를 했다.

"여기가 한때는 울릉도 서울이었어."

"에이, 서울이라니요. 좀 심해요."

"아라야! 울릉도 중심지였다는 말씀이야."

"서울이었다 하시는데."

아라에게 알밤을 하나 먹였다.

옛날 육지에서 온 배들은 모두 태하에 제일 먼저 닿았다고 했다. 그러니까 안무사, 수토사 일행은 물론이고 육지에서 온 어부들도 태하에 짐을 풀었다. 고종 임금 때 '울릉도 개척령'이 발표되었을 때도 개척민들은 태하를 통해 울릉도에 상륙했다. 그래서 울릉도에서 가장 먼저 마을이 이루어졌으며 중심지 역할을 톡톡히 했다.

울릉도에는 조정의 쇄환령에도 불구하고, 주민의 왕래와 거주가 계속되고 있었다. 울릉도, 독도는 신라 때부터 우리의 영토로, 오랜 세월을 동해안의 어부와 가난한 백성들은 울릉도에 드나들었다. 조상 대대로 이어온 삶은 나라의 쇄환 정책으로도 쉽게 끊어 낼 수가 없었다.

일본 사람들 역시 바다를 건너는 일이 막부에 의해 금지되어 있었지만, 울릉도, 독도로 몰래 들어오는 일이 있었다. 이들은 주로 고기를 잡거나 울릉도 원시림에서 목재를 구해 갔다.

1881년 수토관이 도벌 중이던 일본인 7명을 적발하는 사건이 있었다. 나라에서는 일본에 엄중히 항의를 한 뒤, 이 일을 계기로 1882년 이규원을 검찰사로 임명하여 울릉도에 보냈다. 이규원이 울릉도에 들어가서 형편을 살펴보고는, 울릉도에는 고을을 설치할 수 있으며, 또 상당수의 일본인들이 몰래 들어와서 도벌해 갔다고 보고했다. 이에 따라 나라에서는 그때까지 실시해 오던 수토 정책을 중지하고, 개척령을 반포했다. 이어서 이미 울릉도에서 10년 넘게 살고 있던 함안 사람 전석규를 울릉 도장에 임명하고, 주민들의 이주와 개발을 적극 추진했다.

1883년에는 개화파의 대표였던 김옥균을 동남제도 개척사 겸 관포경사(東南諸島開拓使兼管捕鯨事)에 임명했다. 울릉도 개척사가 아닌 동남제도 개척사라고 한 것은 울릉도만 관리하는 것이 아니라, 우리나라 동남에 있는 여러 섬, 즉 울릉도, 죽서도(죽도), 우산도(독도)를 포함한 것이었다. 아울러 동해의 고래잡이까지 관리하라는 뜻이었다. 김옥균의 노력으로 그해 4월 나라에서 공개적으로 모집한 첫 이주민이 울릉도에 들어왔으며, 7월까지 이주민 16가구 54명이 울릉도로 이주했다. 뿐만 아니라 일본 사람들의 울릉도 거주에 대해 일본 정부에 강력히 항의하고, 일본 사람들을 모두 일본으로 철수시켰다.

　　그런데 도장을 맡은 전석규가 이주 백성들의 개척을 독려하고 울릉도에 들어온 일본인을 물리쳐 몰아내기보다는, 도장이라는 직책을 이용해 부정을 저지르다가 김옥균에게 발각되는 일이 있었다. 전석규는 나라의 허가 없이 쌀을 받고는 일본인 선장에게 산림 벌채를 허가해 주었다. 일본인들은 전석규의 묵인 아래 국경을 넘어와서 몰래 나무를 벌채해 갔다. 이 일로 전석규는 결국 파면되고 형조로 압송되어 처벌을 받게 되었다. 이 사건은 《조선왕조실록》에도 기록되어 있다.

의정부에서 아뢰기를, "지금 동남제도 개척사 김옥균의 장계를 보니, '울릉도의 목재를 일본 사람들이 몰래 많이 찍어 실어 간다고 하여 목재를 실어가는 배들을 잡아 두고 사유를 따졌더니, 이 섬 도장의 징표을 가지고 돈과 쌀을 교환하기 위해 왔다고 하였습니다. 이 섬은 통상하는 항구가 아닌 만큼 국경을 넘어와 몰래 나무를 베어 가는 것은 공례에 어긋나는 일입니다. 해당 도장 전석규로 말하면, 금지시키지 못했을 뿐 아니라, 도리어 이익을 탐내어 법을 위반한 만큼 응당 중한 형벌을 주어야 할 것입니다. 그의 죄상을 묘당에서 품처하게 하소서.'라고 하였습니다. 섬에 침범하여 재목을 베어 갈 수 없는 것에 대해서는 이미 서계를 주고받은 것이 있으며, 도장을 설치한 것도 이런 일을 검열하고 살피기 위한 것이었는데, 도리어 물건과 바꾸어 몰래 실어 가게 한 것은 나라의 금령에 관계된 것으로서 그지없이 악한 짓입니다. 전석규를 형조에 압송하여 법조문에 근거하여 감처(죄인을 조사하여 그 죄에 따라 처단하는 일)하게 할 것이며, 그 후임을 부지런하고 일에 해박한 사람으로 즉시 선발하여 보내는 일을 도신(관찰사, 각 도의 으뜸 벼슬로 오늘날의 도지사)에게 분부할 것을 청합니다."하니, 윤허하였다.

이처럼 울릉도와 독도는, 일본이 말하는 1905년 이전에 이미 우리의 법 테두리 안에 있었으며, 우리의 관리가 파견되어 있었고, 이들이 잘못을 저질렀을 때는 벌을 내리기도 했다. 이런 굵직굵직한 사건 처리를 보더라도 울릉도와 독도에 있는 일본 사람은 몰래 국경을 넘어온 범죄인들이었다. 그야말로 몰아내고 물리쳐야 할 대상일 뿐이었다.

대한제국 시절 군청 소재지를 도동으로 옮겨 가기 전까지, 개척민들은 태하를 중심으로 옹기종기 모여서 어렵지만 서로 인정을 나누며 잘 살고 있었다.

골목을 벗어나서 해안을 따라 황토구미로 갔다. 100여 명은 충분히 들어가 앉을 수 있을 만큼 넓고 높은 굴이었다.
"황토구미가 무슨 뜻이야?"
궁금한 것을 못 참는 아라가 또 고개를 갸웃거렸다.

"황토 굴이라는 뜻일 거야."

황토구미는 황토 굴을 울릉도 사투리로 '황토굼기', '황토구미'로 부르던 것으로 추측이 되었다. 황토구미는 파도에 의한 침식작용으로 만들어진 해식동굴이었다.

천천히 천장부터 살펴보았다. 동굴 천장은 단단한 조면암으로 구성되어 있었으며 벽면은 온통 주홍색 황토로 꽉 채워져 있었다. 눈이 부실 만큼 붉디붉었다. 붉은 색을 띠게 된 것은 응회암에 포함된 산화철 때문이라고 했다.

전해 오는 말에 의하면, 수토사가 울릉도에서 수토 활동을 했다는 증거로 황토구미의 황토와 울릉도에서 나는 향나무를 조정에 바쳤다고 했다. 어디 그 뿐이었을까. 황토구미는 울릉도로 고기잡이하러 왔던 어부들이 머물렀던 곳이며, 처음 이주해 온 육지 사람들이 집을 마련할 때까지 옹기종기 모여 앉아 비와 추위를 피했던 곳이기도 했다.

황토구미에서 되돌아 나와 모노레일을 탔다. 대풍령과 태하(울릉) 등대로 올라가려면 산길을 걸어가거나 모노레일을 타야만 했다. 모노레일은 케이블카와는 또 다른 느낌이었다.

모노레일

　케이블카는 매달려 가지만 모노레일은 그야말로 외발로 비탈을 오르는 아찔한 맛이 있었다. 천천히 올라가면서 학포리에서 태하항까지 이어진 해안을 돌아보았다. 바위산을 깎고 다듬어서 나란히 세운 바위 병풍을 떠올리게 했다. 그 절벽 위에는 푸른 나무들이 지붕처럼 덮여 있었다. 왼쪽으로 고개를 돌리면 서서히 나타나는 울릉도의 서쪽 바다와 갖가지 얼굴을 보여 주는 갯바위들이 수천 년 파도를 맞고 있었다.
　모노레일에서 내려 오솔길과 나무 계단을 따라 쉬엄쉬엄

걸었다. 햇살이 동백과 후박나무 잎사귀를 만지작거리며 함께 나무 계단을 걸었다. 지루할 틈도 없었다. 숲을 지나자 푸른 잎과 줄기가 얼기설기 얽힌 칡넝쿨이 가슴을 열어 주었다. 이내 하얀 등대, 파란 하늘이 우리를 반겨 맞아 주었다. 태하 등대였다. 그리고 향목 전망대였다. 전망대에서 뒤를 돌아보는 순간 그야말로 숨이 턱하니 멎을 것만 같았다.

"아, 아!"

다른 말을 할 수가 없었다. 현포 해안을 따라 펼쳐지는 노인봉, 송곳산, 코끼리바위. 방금 송곳산에서 내려와 참방참방 바다로 걸어 들어간 코끼리가 긴 코를 바다에 내리고 물을 마시고 있었다. 우리나라 아름다운 풍경 열 손가락 안에 든다는 바로 그곳이었다. 관광객들은 사진을 찍느라 정신이 없었다. 풍경은 햇살의 방향에 따라 천천히 다른 느낌을 만들어 보여 주기도 했다. 보아도, 보아도 싫증 나지 않았다. 문득 천국의 색깔이 이런 게 아닐까 하는 생각까지 들었다.

안타까운 이야기도 있었다. 옛날에는 이 일대에 향나무가 꽉 차 있었다는데, 지금은 고목들만 군데군데 그 흔적을 보여 주기만 했다. 수토사들이 증거물로 모두 베간 것은 아닐

향목 전망대에서 보는 현포 해안

현포 해안에서 만나는 일출

7. 대풍령과 대풍감

테고, 누군가가 아까운 우리 고유의 향나무를 멸종 위기까지 내몬 게 분명했다.

"바로 저기였구나!"

서쪽으로 쭉 뻗어 나간 바위 언덕이 내 눈을 잡아끌었다.

"뭐가?"

"저기가 길게 뻗은 바위산 줄기가 대풍령이고, 그 아래가 대풍감이야."

"그러면 울진 구산 마을의 대풍헌처럼, 여기서는 돌아갈 바람을 기다린 곳이다 이 말이지?"

아라가 이내 알아채고는 앞질러 설명하고 나섰다.

"어쭈, 제법인데."

전망대에서 바라보는 서쪽 바다 끝에서 육지가 보일 것만 같았다. 뱃사람들의 말에 따르면, 태하에서 출항한 배가 태하 등대를 등지고 서쪽으로 항해를 하다 보면 태하 등대가 사라지고 바로 죽변 등대가 앞에 나타난다고 했다. 가을, 날씨가 좋은 날 대풍령에 서면, 울진과 삼척의 산 능선이 수평선에 걸린다고 했다. 물론 죽변에서도 울릉도가 보인단다. 그렇게 찍은 사진을 본 적도 있었다. 그만큼 우리에게 울릉도는 먼 섬이 아니라 육지에서 마주 볼 수 있는 섬이었다.

"대풍령은 산줄기라는 뜻일 것 같은데 대풍감은 뭐야?"

"나도 그게 궁금해서 향토사료관에서 해설사 아주머니에게 살짝 물어보았더니 '감(坎)'이 한자로 '구덩이'라는 뜻이래. 그러니까 바람을 기다리면서 배를 안전하게 정박해 놓았던 곳이라는 거야."

"잘난 척하려고 몰래 물어봤구나."

아라가 눈을 찡긋거리며 씨익 웃었다.

"아니야. 늘 준비하는 나의 습관일 뿐이야."

"또 잘난 체 ……."

"알았어, 알았어. 그만 할게."

나는 손으로 말을 막아 버리고는 대풍감을 내려다보았다. 물빛이 파란 보석처럼 반짝였다. 물속에 잠긴 돌 하나하나가 다 들어나 보일 만큼 맑았다. 대풍감의 그 물속에는 많은 이야기들이 담겨져 있을 것만 같았다. 수토사 박석창의 시에서도 배를 대풍소로 옮기고 출항할 채비를 했다는 말이 나온다. 70여 차례 다녀간 수토사 일행은 언제 불어올 지 모르는 동풍을 기다리며 하늘을 올려다보았을 것이다. 아울러 대풍령에 서서 무사히 육지에 가 닿기를 빌고 또 빌었을 것이다. 심지어는 가다가 풍랑을 만나서 싣고 있던 물건을 죄다 바다에 버리고 하늘에 제를 올렸다는 기록도 있으며, 배가 난파되는 바람에 죽은 이들도 있었다. 실록에 보면 죽은 이들의 가족을 위로하기 위해 임금님이 휼전(이재민을 구제하기 위해 나라에서 내린 은전)을 보내 주기도 했다. 울릉도, 독도를 지키기 위한 수토 활동은 그야말로 목숨을 내놓고 하는 일이었다. 국토를 지키기 위해 애쓴 조상들의 활동 모습이 대풍감 물속에 차곡차곡 쌓여 있을 것만 같았다. 그래서 대풍감이 그 무엇과도 바꿀 수 없는 보석처럼 빛이 나는 것이라고 믿고 싶었다.

내려올 때는 모노레일을 일부러 타지 않았다. 한 걸음, 한 걸음 조상들이 목숨으로 지킨 소중한 우리의 영토를 느끼고 싶었다. 흙 한 줌, 바위 한 덩이, 풀 한 포기, 나무 한 그루도 그냥 지나칠 수가 없었다. 이것저것 기웃거린다고 해도 30분이면 걸어서 내려올 수 있는 거리였다.

태하항에 도착했을 때, 해가 뉘엿뉘엿 지고 있었다. 관광객들이 방파제 끝으로 나가서 서쪽 하늘을 보며 웅성댔다. 해넘이를 보고 있었다. 우리도 그 사람들 틈에 끼어들었다. 수평선이 붉어지더니 서서히 까치놀을 만들어 바다 위에다 붉은 길을 만들고 있었다.

"해님이 투명해."

아라가 눈을 가늘게 뜨고는 해를 바라보고 있었다. 그러고 보니 투명하다는 말이 꼭 맞았다. 육지에서는 해넘이를 거의 볼 수 없지만, 본다고 해도 늘 안개에 가린 것 같은 흐릿한 모습을 보았는데, 태하 앞 바다에서 맑고 깨끗한 해가 우리 바다, 동해로 지고 있었다.

"아라야! 누군가가 해를 깨끗하게 닦아 놓았는가 봐."

"호호 입김을 묻혀서?"

"그래. 유리창을 닦듯이."

우리는 해가 지고 난 뒤에도 그대로 서 있었다. 붉은 노을은 한참 동안 우리를 놓아주지 않았다. 바다도 아쉬운 마음이 우리와 같았는지 쉽게 어두워지지 않았다.

부두 창고를 돌아 나오다가 우리는 바위 벼랑 앞에서 걸음을 멈추었다. 여행 안내서에는 그 어디쯤에 바위 글씨가 있다고 했다. 해는 졌지만 크게 어둡지 않았다.

'李輔國(이보국)'

대풍감

바위에 새겨진 수토사
이보국

94

바위 벼랑에 적힌 글자가 우리를 불렀다. 수토사 중 한 사람이었다. 바위에 선명하게 쓰인 '이보국'이라는 이름은 '울릉도에 와서 왜인들을 수색하고 토벌하였노라.'고 당당하게 말하고 있었다. 많은 수토사들이 자신이 다녀갔다는 흔적을 그렇게 남겼으리라. 그 이름 곁에는 다른 이름도 여럿 보였다. 그러나 작고 희미했을 뿐만 아니라 안타깝게도 어둠이 글자를 가리고 있었다. 어디 이 어둠뿐이었을까. 35년이라는 길고 긴 어둠의 시간을 지나는 사이에 지워지고 가려진 이름들이 수없이 많았을 것이다. 심지어 바위조차 부셔 버리는 일도 있었다. 우리는 늘 소중한 역사의 흔적을 제때에, 제대로 챙기지 못했다. 뒤늦게 깨닫고 나서도 허둥대느라 놓쳐 버린 일들이 한두 가지가 아니었다. 그래서 늘 이웃나라에게 당하는 것은 아닐까.

'이보국'. 그 이름을 가만히 쓰다듬어 보았다. 차갑고 거친 바위 질감 사이로 언뜻언뜻 따스한 체온이 느껴졌다. 가슴이 마구 뛰었다. '무엇을 두려워하느냐. 당당하게 맞서라!' 우렁우렁한 그런 울림이 온몸을 감쌌다.

어둠 속에 우리 둘만 오도카니 남아 있었다.

8. 성인봉

"차 타고 가는 거 아니야?"

"거기까지 가는 차가 없어."

"그러면 케이블카 타는 거야. 아니면 모노레일?"

"어허 참, 타고 가는 게 없다니까. 걸어가야 해."

엊저녁부터 아라와 입씨름을 벌였다. 피곤해서 꼼짝도 할 수 없다고 엄살을 부려 댔다. 특히 성인봉까지 등산은 다리가 아프니까 차를 타고 가자며 졸랐다. 그러나 성인봉은 차를 타고 갈 수가 없는 곳이었다.

"왜 타고 가는 게 없지? 지리산도, 설악산도 다 차로 올라간다고 들었는데."

"나 원 참! 기가 막혀서, 차도가 아예 없다고. 이 좁은 화산섬에서 섬 일주도로 만드는 데도 자꾸 바위가 무너져서 자연 훼손이 심한데, 성인봉에 도로를 내라고? 너 지금 정신이 있는 거야, 없는 거야?"

조곤조곤 이야기해도 통하지가 않았다. 그래서 냅다 소리를 질러 버렸다. 나도 화가 머리끝까지 났다. 정 가기 싫다고 고집을 부리면 혼자서 다녀올 참이었다.

"왜, 싸우고 그래?"

게스트 하우스 주인 아주머니가 넌지시 말리고 나섰다.

"힘들다며 성인봉을 차로 가자고 고집을 부리잖아요."

"성인봉을 차로 간다고? 무슨 소리야."

아주머니는 말도 안된다는 표정을 지으며 웃었다.

"다리 아프고 힘들다고요."

아라가 시큰둥한 얼굴로 퉁퉁거렸다.

"오늘 마침 내가 시간이 있으니까 도와줄게. 이렇게 해보면 어떨까? 가장 짧은 길인데, 차를 타고 KBS 송신소까지 가서 거기서 올라가렴. 그 길이 가장 짧고 쉬워. 내려올 때는 나리 분지로 와. 식당까지 오면 내가 기다릴게."

"직접 차를 태워 주시겠다고요?"

"그래. 둘이서 티격태격 다니는 모습이 참 보기가 좋아서 그래. 내가 오늘 하루 봉사할게. 내수전 안용복 장군 기념관까지 한 바퀴 휘익 돌아 주마. 어때?"

아주머니는 아라 등을 툭툭 치면서 장난스럽게 웃었다.

"고맙습니다."

이게 웬 떡이냐 싶었다. 나는 고개를 꾸벅이며 아라 옆구리를 쿡쿡 찔렀다. 뒤늦게 아라도 고개를 꾸벅였다. 오늘 계획한 여행길은 편안하게 진행될 것 같았다.

"식당은 성인봉에서 나리분지로 내려오면 나리 마을 첫 집이야. 찾기도 쉬워. 울릉도 산채비빔밥을 잘하거든 그 집에서 밥 먹고 있으면 내가 갈게."

우리는 부지런히 짐을 꾸렸다. 무거운 것은 꺼내 놓고 꼭 필요한 것만 배낭에 넣었다. 집을 나서는데 아주머니가 부리나케 달려 나왔다.

"잠깐 기다려. 물 넣었어? 간단한 간식은?"

"모, 못 챙겼는데 ……."

아차차, 아라와 신경전을 벌이느라 깜빡 잊고 있었다. 나는 한숨을 포옥 내쉬며 뒷머리를 긁적였다.

"내 이럴 줄 알았지. 자, 배낭 내려 봐. 둘이 다투지 말고 나눠 먹으면서 쉬엄쉬엄 올라가."

물병과 간식을 배낭에 따로 챙겨 주었다.

"정말, 정말 고맙습니다."

"내가 하는 일이 이런 거야. 우리 게스트 하우스에 든 손님들 길 안내도 하고, 울릉도, 독도 홍보도 하는 가이드야. 가이드 알지?"

우리는 그제야 아주머니를 찬찬히 바라보았다. 씩씩하게 벙글벙글 웃는 모습이 학교 선생님 같았다.

"가이드 일도 하세요?"

"울릉도, 독도에 관한 일이라면 뭐든지 물어 봐. 다 책임질게."

아주머니는 가이드답게 두 팔을 활짝 펴 보였다. 울릉도에는 친절한 사람이 참 많다는 생각을 했다. 독도 박물관에서 만난 사람들도 그랬다.

KBS 송신소는 도동에서 그리 멀지 않은 산 중턱에 있었다.

"여기서는 성인봉까지 4km 남짓이야. 둘이서 올라가다 보면, 이 길을 이용하는 사람이 많을 거야. 둘이만 따로 가지 말고 같이 어울려서 가는 게 좋아. 길만 따라 곧장 올라가면 성인봉이야."

아주머니는 우리가 길을 잃을까 봐 단단히 주의를 주었다.

최초 수토사 장한상은 음력 시월, 사흘 동안 비바람 치는 바다를 헤맨 끝에 울릉도에 닿았다. 진눈깨비가 쏟아지고 길

성인봉 출발하는 곳,
KBS 송신소 근처 산밭에는
울릉도 나물이 자라고 있다.

이 좋지 않아서 바로 성인봉에 올라가지 못했다. 배를 타고 섬 주변을 살핀 뒤에, 비가 그친 날 중봉 즉 성인봉에 올랐다고 적었다. 어느 쪽으로 올랐을까 하는 생각이 들었다. 우리처럼 쉬운 곳이나 짧은 곳을 찾지는 않았을 것이다. 태하 쪽에 정박한 만큼 서면 쪽에서 길을 잡았을 거라는 생각이 들었다. 음력 10월이면 양력으로는 11월이었을 것이다. 산 중턱에는 눈이 쌓여 있었다고 하였으니 몹시 추웠을 것이다. 그럼

8. 성인봉

에도 불구하고 장한상은 성인봉에 오르는 것을 피하지 않았다. 망설이는 군졸들을 독려하기 위해 관복을 차려 입고 앞장을 섰다고 했다.

조금 오르자 숲이 이어졌다. 왕고로쇠나무와 섬단풍나무가 나타나기 시작했다. 나무들은 햇살을 더 받으려고 경쟁한 것인지, 바다를 보려고 까치발을 한 것인지, 모두 남쪽 바다를 향해 비스듬히 기울어져 있었다. 그런 모양이 오히려 신기하기만 했다.

출렁다리를 지나고 나자 경사가 조금씩 급해졌다. 한 굽이 돌아가서 걸음을 멈추고 숨을 돌렸다. 우뚝 키가 자라 버린 숲속 바닥에 색다른 모습이 펼쳐져 있었다. 고비였다. 울릉도 사람들이 개척 시대에 먹었다는 그 나물이 자라서 바닥을 덮고 있었다. 고사리가 활짝 핀 것처럼 생긴 식물이었다. 양치식물 시대가 떠올랐다. 포자가 날아다니고, 공룡이 벌떡 일어나서 달려올 것만 같았다. 아라와 나는 고비 잎 모양으로 손을 활짝 펴서 고비를 쓰다듬었다. 연두색 고비 잎이 손바닥을 간질였다.

"우리는 지금 쥐라기 공원에 들어와 있습니다."

대나무 숲,
〈울릉도 도형〉을 보면 곳곳에 죽전,
즉 대밭이 있다. 그래서 일본은
울릉도를 타케시마, 죽도라고 했다.

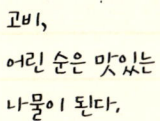

고비,
어린 순은 맛있는
나물이 된다.

배를 만들던 삼나무 숲,
울릉도 개척령을 내릴 때 고종 임금은
이주민들에게 5년간 세금을 면해 주고
삼남의 조운선을 건조할 수 있게 했다.

8. 성인봉 103

아라가 셀카를 찍으며 폼을 잡고 있었다. 나도 사진을 찍지 않을 수가 없었다. 그렇게 우리는 신비한 울릉도 자연을 마음껏 느껴 보았다.

희귀 식물 군락지인가 했는데, 어느새 키 낮은 나무들과 군데군데 무리를 이룬 대나무가 나타났다. 숨이 턱까지 차올랐다. 힘들 때를 용케도 알고는 팔각 모양의 정자가 나타났다. 쉬지 않을 수가 없었다. 정자에서 물을 마시고 간식을 먹었다. 고마운 아주머니를 떠올렸다. 정자에서 내려다보이는 바다에서 시원한 바람이 골짜기를 치고 올라왔다. 그동안 등을 적시고 있던 땀이 크게 숨 한 번 쉬는 사이에 감쪽같이 사라졌다.

다시 통나무로 받쳐 놓은 비탈을 따라서 또 한참을 걸었다. 아라는 "멀었어? 멀었어?"를 거듭하며 징징댔다. 숲 바닥을 뒤덮고 있던 고비는 점점 사라지고 조릿대가 숲을 이루었다. 댓잎이 만드는 바람 소리가 마치 '다 왔어, 다 왔어.' 격려하는 것처럼 들렸다.

"저기 바람 소리 잘 들어 봐. 다 왔다고 하잖아."

아라를 웃기려고 했지만 아라는 웃을 생각도 하지 않았다.

팔각정에서 본 항구

성인봉

아니나 다를까, 드디어 성인봉이라는 이정표가 나타났다.
어디서 힘이 났는지 아라가 후다닥 뛰어 올라갔다.
"애걔걔, 이게 뭐야!"
아라가 소리쳤다. 실망했다는 소리였다.
"왜, 그래?"
"뭐 커다란 전망대나 특별한 시설이 있을 줄 알았지."
울퉁불퉁한 바위 사이에 성인봉이라고 새겨진 바위덩이가 초라하게 서 있을 뿐이었다. 사람들이 올라서기도 불편했다. 돌덩이가 눕고 서고 서로 기대고, 처음 생긴 그대로 그야말로 성인봉 그대로의 모습이었다. 문득 그래서 더욱 좋다는 생각이 들었다. 좁은 곳이라서 관광객들과 서로 양보해 가면서 사진을 찍고, 성인봉 푯돌을 만져보곤 했다.

9. 독도가 보인다

"여기서 장한상 수토사가 독도를 확인했지."

"정말이야? 여기서 독도를 보았다고?"

아라를 불러 옆에다 세우고, 동남쪽으로 방향을 잡고는 수평선을 보았다. 어찌 이런 일이! 뿌연 안개가 수평선을 덮고 있었다. 아쉽고 또 아쉬웠다. 안타깝게도 독도는 보이지 않았다. 가을에서 초겨울, 날씨가 좋은 날이면 독도를 볼 수 있다고 했다. 가을이면 대풍령에서 죽변과 강원도의 산을 볼 수 있듯이, 울릉도에서 독도를 볼 수 있는 시기도 그때라고 했다.

가을에는 이동성 고기압이 시베리아 기단에서 떨어져 나와 온화하게 변질되어 우리나라에 영향을 미치기 때문에, 맑은 날씨가 이어지게 된다. 아울러 대기의 대류도 여름보다 약해져서 먼지가 고공으로 올라가지 못하고 쉽게 비에 씻겨 내리며, 공기 중의 습도도 낮아지기 때문에 멀리까지 볼 수 있다고 했다.

장한상이 울릉도를 찾은 때가 바로 10월에서 11월 사이였다.

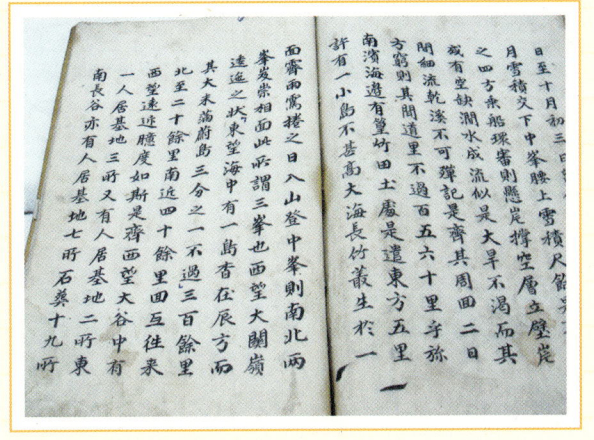

〈울릉도 사적〉, 장한상은 성인봉에서 독도를 보았다고 적었다.

비가 그치고 안개가 걷힌 날 중봉에 올랐다. 남북 두 봉우리가 소소히 치솟아 서로 마주 보고 있었다. 그야말로 삼봉이었다. 서쪽을 바라보니 대관령이 구불구불 뻗어 있고 동쪽을 바라보니 바다 한가운데 섬 하나가 진방(12 방위 중 하나로 동남쪽을 말함)으로 어렴풋이 보였다. 크기가 울릉도의 삼분의 일도 안 되며 3백 여리에 불과하였다.

9. 독도가 보인다

장한상 수토사가 울릉도에서 독도를 보았다는 것은, 조정에서 파견한 관리가 독도를 울릉도의 부속 섬으로 인식했다는 증거이다. 이를 기록으로 남겨 놓았기 때문에 다른 나라가 어떤 주장을 펼친다고 해도 맞설 수가 있는 것이다. 백성들이 울릉도에 드나들게 된 것은 육지에서 울릉도가 보였기 때문이었다. 마찬가지로 울릉도에서 독도가 보였기 때문에 독도에 드나들었다. 그래서 독도는 울릉도의 부속 섬이 될 수 있었다.

특히 이 문제를 이미 알고 있었다는 듯이 장한상은 《울릉도 사적》 마지막 부분에 이런 기록을 남겼다.

산 위에 올라 저 나라의 땅을 자세히 바라보아도, 바다가 끝없이 넓고 아득하여 눈에 뜨이는 섬이 없어 거리가 얼마나 되는지 알 수가 없었다.

'저 나라 땅'은 어디를 가리킬까? 물어보나마나 일본을 가리킨다. 그 땅을 보려고 했으나 넓고 아득한 바다만 보일 뿐 눈에 띄는 섬이 없어 그 거리를 알 수 없다고 하였다. 장한상은 독도가 일본의 영토가 아니라는 것을 분명히 말하고 있었다. 울릉도에서는 보이고 일본에서는 보이지 않는 섬, 독도는 조선의 영토라는 것을 《울릉도 사적》을 통해 못 박고 있는 것이다. 일본의 가장 서쪽인 오키 섬에서는 어떤 경우에도 독도는 보이지 않는다는 사실을 일본도 깨달았으면 좋겠다. 까마득히 펼쳐진 나리분지와 송곳산의 모습이 동화 속에나 나옴 직한 풍경을 보여 주었다. 참 따뜻하고 안온하게 느껴졌다. 편안하고 정겨운 우리 땅이었다. 성인봉을 보러 온 사람들이 점점 모여들었다. 아쉬웠지만 자리를 비켜 주어야 했다.

"내려가는 길은 이쪽이야."

한창 사진 찍기에 열을 올리는 아라를 불렀다.

"우리가 올라온 쪽보다 저기가 훨씬 멋있어 보인다. 그치?"

아라가 나리분지를 가리키며, 안개가 약간 내려앉은 듯한 나리분지를 그윽한 눈으로 보고 있었다.

"우리도 사진 찍자. 사진 찍지 않으면 나중에 후회할 거 같아."

왼쪽으로 미륵산과 이어지는 형제봉, 송곳산이 나리분지와 알봉 그리고 우리를 감싸 안아 주었다.

성인봉에서 본 나리분지

수술한 노거수

"저 밑 평평한 곳이 나리분지야?"

"게스트 하우스 아주머니와 약속한 식당, 그 식당도 저곳에 있어."

나는 아라가 또 딴소리를 할까 봐 식당이라는 말을 강조했다.

바로 나무 계단이 시작되었다. 수술한 노거수들이 긴 시간 속에서 생긴 상처를 도려낸 채 잎과 줄기를 푸르게 키우고 있었다.

"저 나무들은 나이가 얼마나 될까?"

"4백 년, 5백 년은 넘었을 거야."

아라가 다가가더니 나무를 얼싸안았다. 그 밑에는 밖으로 드러난 노거수의 뿌리들이 구렁이처럼 꿈틀거리고 있었다.

끝이 안 보일 만큼 나무계단은 까마득하게 이어졌다.

"와우, 이 계단이 얼마나 될까?"

아라가 계단을 내려다보고는 지레 겁을 먹고 한숨을 내쉬었다. 관광객을 데리고 지나가던 해설사가 1,750계단이라고 친절하게 설명해 주었다.

얼마나 내려갔을까. 종아리가 뻐근해 왔다. 마침 알봉 전망대가 자리하고 있었다. 안내판을 먼저 읽고, 앞이 탁 트인 전망대에 올라섰다. 나리분지 북서쪽 멀찍이 알봉 분화구가 손짓했다. 이중 분화구 모습이 쌍봉낙타 등처럼 선명하게 보였다. 오밀조밀하게 자리를 나누어 앉은 계곡과 봉우리가 참 예뻤다. 조금 쉬고 나니 다시 힘이 났다.

    1,750계단도 풍경을 살피는 사이에 끝이 났다. 나무 계단은 다시 돌계단으로 이어졌다. 돌계단은 그리 길지 않았다. 돌계단이 끝나는 곳에 이정표가 눈길을 끌었다. '신령수'라는 안내가 적혀 있었다. 목이 마르던 참이었다.

    물을 한 모금씩 마시고 고개를 드는데, 신령수 뒤쪽 계곡을 따라 숲이 층층이 이어져 하늘이 보이지 않았다. 성인봉 원시림이었다. 너도밤나무, 왕고로쇠나무, 섬단풍나무들이 한데 어울려 마음껏 자라고 있었다. 일본은 바로 이 원시림 속의 섬잣나무를 비롯하여 큰 나무들을 훔쳐 가려고 했다. 그래서 나리분지에서 가까운 천부에다가 왜선창이라고 전해지는 선착장까지 만들었다고 한다. 그것만 보아도 그들이 울릉도와 독도에 들어온 목적은 단 하나였다. 탐욕스러운 수탈이었다.

투막집

　완전히 나리분지에 들어선 것을 길의 경사로 느낄 수 있었다. 오르막도, 내리막도 아닌, 울릉도에서는 낯선 평지 길에 들어섰다. 육지에서 흔히 보았던 한적한 농촌의 모습이 펼쳐져 있었다. 나리 마을이었다. 우산국 시절부터 사람들이 모여서 마을을 이루고 살았던 곳이었다. 주변에는 제법 밭들이 모양을 갖추고 있었다. 길 한쪽에 집이 보였다. 투막집이었다. 사람이 살지는 않았다. 울릉군에서 관광객을 위해 옛 사람들의 집을 만들어 놓은 것이었다. 나무로 지붕을 덮고 그 위에 돌을 얹어 눌러 두었다. 추녀 끝에 다시 기둥을 둘러 세우고 또 하나의 외벽을 만들었다. 우데기라고 하였다. 나리분지에는 눈이 많이 내렸다. 겨울이면 온통 눈 속에 묻혀 산다고 해도 지나친 말이 아닐 정도라고 한다. 그래서 눈이 추녀를 덮어도 집안에서 생활하는데 불편이 없도록 우데기를 둘러쳤다고 했다. 우리 조상들의 놀라운 지혜를 엿볼 수 있었다. 짚으로 만든 집도 구조는 비슷했다.

"얘들아! 고생했다. 여기야."

친절한 아주머니가 먼저 와서 우리를 기다리고 있었다. 아라가 달려갔다. 기운이 다 빠져 걸음을 옮기지 못하겠다고 툴툴대더니 그것도 아닌 모양이었다.

스스로 생각해도 놀라운 일을 해냈다. 정말 한 걸음 또 한 걸음이 모여서 산을 넘을 수 있었다.

10. 석포 전망대

나리분지의 산채비빔밥을 게눈 감추듯이 먹어 치웠다.

"맛있지?"

"예? 예에."

대답이 궁해졌다. 허겁지겁 배를 채우느라 맛을 생각할 겨를도 없었다. 아주머니가 씨익 웃으며 다시 물었다.

"급히 먹느라 체한 건 아니지?"

"조금 있으면 다 소화될 거예요."

아라가 불룩해진 배를 툭툭 두드렸다.

"울릉도 나물들은 향이 독특하거든. 다음에는 천천히 느껴 가면서 먹어 봐."

아주머니가 운전석에 올라서 안전띠를 맸다. 아주머니는 차창으로 보이는 울릉도의 모습을 일일이 설명해 주며 천천히 달렸다. 천부항을 지나고 몽돌이 무척 예쁘다는 죽암 해안이었다. 잠깐 내려서 몽돌을 구경하라며 아주머니가 차를 길가에 붙여 세웠지만 쉬고 싶은 마음이 앞섰다. 점심을 맛있게 먹은 뒤라서 식곤증으로 아라는 이미 끄덕끄덕 졸고 있었다.

"완전히 지쳤네. 볼 것은 많은데 기운이 바닥이로구나."

우리를 돌아본 아주머니가 빙그레 웃더니 다시 출발했다. 해안길에서 어느새 꼬불꼬불 산길로 접어들더니 급한 경사길 끝에서 우리를 깨웠다.

"자, 여기서는 내려야지. 석포 전망대야. 여기는 꼭 보고 기억해야 해."

아주머니는 아예 차문을 열고는 우리를 끌어내렸다.

"석포 전망대에는 뭐가 있어요?"

아라가 비몽사몽 정신을 못 차리고 발을 헛디뎌 비틀댔다.

"일단 내려 봐."

바다가 가득히 안겨 오는 석포 전망대에 올랐다. 전망대는 아름다운 신비의 섬, 울릉도 북면 끝자락에 자리하고 있었다. 북쪽은 물론이고 동쪽과 서쪽까지 바다가 환하게 열렸다.

"잘 들어. 울릉도에는 3개의 망루가 있었는데, 그 중 북쪽 망루가 바로 석포 전망대야."

"망루요? 망루는 누가, 왜 세웠어요?"

내가 준비한 여행 계획에는 들어 있지 않은 곳이었다. 그래서 더욱 궁금했다.

"일본이지. 전쟁을 위해서 세웠어."

청나라와 전쟁을 치른 뒤에, 러시아와 전쟁을 하기 위해 여러 해에 걸쳐서 준비해 온 일본이, 자기 마음대로 우리 땅에 설치한 군사시설이었다. 일본은 동해를 자기네들의 손아귀에 넣고, 러시아 군함의 움직임을 관측하기 위해 우리 땅 곳곳에 망루를 세웠다. 이 망루 덕분에 러일전쟁에서 일본은 승리할 수 있었다. 일본은 1945년까지 이 군사시설을 운영했다. 지금은 주춧돌만 그 흔적으로 남아 있지만 참으로 뼈아픈 침탈의 현장이었다.

궁금한 게 꼬리를 물었다.

"울릉도에 망루 셋을 세웠다면 나머지는 어디예요?"

"당연히 그렇게 물어야지. 어디긴 어디겠어. 도동과 사동 사이 망향봉에 하나, 독도에 하나를 세운 거야. 못된 놈들 그들은 러시아와 전쟁을 하기 위해 우리 땅을 마음대로 침탈한 것이야."

"동해를 온통 전쟁터로 만들었네요."

나는 기가 막혀서 다른 말을 더 할 수가 없었다.

"이런 역사의 흔적이 보고 싶어서 울릉도에 온 거 맞지? 아픈 기억들을 잊지 않아야 다시는 그런 일을 당하지 않는

석포 전망대에서 본 관음도

죽도

거야. 그런데 우리는 그런 기억들을 너무 쉽게 잊고 또 지우며 사는 것 같아."

"그건 또 무슨 말씀이세요?"

"망루가 있던 자리 말이야. 그 흔적들이 다 사라져 버렸어. 아픔까지 잊을까 봐 걱정이야. 망향봉에는 독도 전망대를 세워 버렸고, 독도 망루 자리에는 독도 경비대가 머물고 있지."

설명을 마친 아주머니는 우리에게 잠깐 동안 주변을 둘러볼 수 있도록 시간을 주었다. 울릉도, 독도에는 우리가 잊지 말아야 할 아픈 역사가 너무나 많다는 것을 다시 깨닫는 시간이었다.

관음도가 바로 눈앞에 있었다. 관음도로 건너갈 수 있는 다리도 보였다. 조금 멀리 나간 곳에는 죽도도 한 눈에 들어왔다. 우거진 대숲이 섬을 파랗게 덮고 있었다.

"앞에 펼쳐진 바다가 동해야. 울릉도, 독도는 일본해가 아닌 동해 가운데 있는 섬이지."

우리 곁으로 다가온 아주머니가 나지막한 소리로 말했다.

'일본해가 아닌 동해 가운데 있는 섬'이라는 그 말에 가슴이 먹먹해 왔다. 우리는 말없이 고개만 끄덕였다.

11. 안용복 기념관

다시 차에 올랐다. 꼬불꼬불 울릉도 산길을 되돌아 나와서, 울릉읍과 북면을 가르는 경계선 이정표를 지나 내수전 옛길 끝에 있는 안용복 기념관에 도착했다.

기념관 앞마당에는 배를 타고 항해하는 안용복 장군의 조각상이 있었으며, 죽도가 보이는 앞쪽에는 안용복 장군이 일본 어부들을 추격해 간 판옥선 모형이 태극기에 둘러싸인 채 바다를 바라보고 있었다.

"2층에 많은 자료가 있으니 찬찬히 보면서 그때 상황을 이야기로 엮어 봐."

"이야기로 엮으라고요?"

우리가 어리둥절해하자 아주머니는 무슨 말을 덧붙이려다가 고개를 흔들었다.

"아니, 아니. 이리 와."

우리 손을 잡고는 기념관 안으로 들어가서 해설사 한 사람을 소개해 주었다.

"잘 챙겨 주세요. 쉽고, 재미있게 이야기해 줘요."

"알았어요. 특별 손님으로 모실 게요."

아주머니와 해설사는 서로 친한 사이인 모양이었다. 서로 악수를 나누며 우스개를 주고받았다.

"아시는 사이세요?"

아라가 그냥 넘어가지 않았다. 이럴 때보면 무척 빠른데 다른 사람 말을 들을 때는 꼭 반 박자가 늦었다.

"우리는 울릉도 역사연구회의 같은 회원이야. 특별한 부탁이니 쉽고, 재미있게 …… 또 없어요? …… 하여튼 그렇게 설명해 줄게. 자, 이리 오세요."

해설사는 우리를 출입문 맞은편에 있는 큰 글자 앞에 세웠다. '독전왕 안용복 장군'이라는 대형 글자가 벽면을 가득 채우고 있었다.

"독전왕?"

고개를 갸웃거리며 중얼거리자 해설사가 한 번 씽긋 웃고는 설명해 주었다.

"볼수록 꼭 맞는 말이야. 안용복 장군은 누가 시키지 않았지만, 혼자서 당당하게 싸워서 울릉도와 독도를 우리 땅으로 지켜낸 인물이기 때문이지."

기념관에는 안용복을 또 이렇게 소개하고 있었다.

안용복은 누구인가?

안용복의 출생과 사망 연대는 분명하지 않으나,
《성호사설》에는 안용복이 경상 좌수영의 동래 수군인 능로군 출신으로서 왜관에 출입하면서 일본말을 익혔다고 기록되었다.

일본의 《죽도고》(1828)에는 1693년 안용복이 차고 있는 호패에, 서울에 사는 오충추의 사노 용복이라고 하여 부산 좌천리에 산다고 되어 있다.

안용복에 대해 '안 비장', '안 병장', '안 병사' 등 여러 호칭이 등장한다.

그는 1696년 두번째 일본에 갔을 때, '안 동지', '울릉 우산 양도 감세장', '조울 양도 감세장'을 칭하였다.

그에 대해 우리는 너무나 많은 것을 모르고 있었다. 그동안 언제 태어났으며, 언제 사망했는지조차 모르고 지내 왔다. 그러나 양반 신분이 아니면서도 그 누구보다 당당했으며, 영토를 지키겠다는 생각 하나로 바다를 건너서 적진으로 들어갔다. 그러나 영토를 지키기 위한 그의 노력은 논란거리를 만들었다는 죄목으로 귀양이라는 벌을 받아야 했다. 그럼에도 불구하고 그의 의로운 활동은 헛되지 않아서, 오늘날까지 울릉도와 독도가 우리의 영토가 되어 있는 것이다.

울릉도의 안용복 기념관은 이러한 그의 업적을 기리고 또 널리 알리기 위해, 2013년 10월에 개관했다. 안용복 관련 전시물은 기념관 2층 전시실에서 볼 수 있었다.

전시물 중에서 가장 눈에 띄는 것은, 독도에서 일본 사람들을 몰아내는 모형과 판옥선 앞에 길게 내건 '울릉 우산 양도 감세장(울릉도와 우산도의 세금 징수 관리)'이라는 깃발이었다. 독도가 우리 땅이라는 역사적 자료들을 찬찬이 돌아보면서, 안용복에게 붙인 '독전왕'이라는 칭호가 너무나 걸맞다는 생각이 또 들었다.

2층 전시실에 진열된 지도와 고문서 모두를 가슴 속에다 고스란히 담고 싶었다. 우리나라에서 만든 자료보다 일본에서 작성된 자료가 더 많았다. 그 자료들은 쉽게 정리해 보면 이런 내용이었다.

독도로 가서 일본 사람들을 몰아내는 장면

일본에서 '울릉 우산 양도 감세장'이라는 관직을 내건 장면

1693년 어부 안용복은 울릉도 부근으로 고기잡이에 나섰다가 일본 은기도(오키노시마, 오키 섬)에 끌려갔다. 그즈음, 대마도(쓰시마) 도주는 울릉도와 독도를 차지하려는 속셈을 갖고 있었다. 그러나 막부는 안용복에게 울릉도와 우산도가 일본의 영토가 아니라는 서계를 써 준 후 조선으로 돌려보냈으니, 일본은 울릉도와 독도의 영유권이 조선에 있음을 공식적으로 인정한 것이었다. 대마도 도주로서는 실망스러웠을 것이다.

　　도쿠가와 막부가 울릉도와 독도를 조선 땅으로 인정했음에도 불구하고 대마도 도주는 관백(막부의 우두머리)의 명령을 무시한 채 조선에 답신을 보내지 않으려고 했다. 특히 안용복 사건을 역이용하여 울릉도를 차지하려는 욕심으로 문서를 위조해 조선 조정에 억지를 부렸다.

　　조선 어부들이 해마다 일본의 죽도에서 고기잡이를 해서 이를 금지토록 했는데도, 올 봄에 안용복을 포함해 어부 40여 명이 또 죽도에 들어와 고기를 잡았다. 앞으로는 죽도에 조선의 배가 들어오지 못하게 해 달라.

이 위조된 서계를 받은 조선 조정은 일본과 정면 충돌하는 것을 지레 걱정한 나머지,

> 우리나라의 울릉도도 멀리 있다는 이유로 마음대로 왕래하지 못하게 했는데, 조선 어부들이 일본의 죽도까지 들어가 번거로움을 끼쳤다.

라는 내용의 회답 서신을 대마도 도주에게 주었다.

대마도 도주가 울릉도를 죽도라고 속이는 것을 알면서도 일본과 다툼을 피하기 위해, 같은 섬에 두 가지 이름을 붙여서 어물쩍 넘어가려고 하였다. 참으로 한심하고 당당하지 못한 조선 벼슬아치들의 태도였다.

대마도 도주는 조선의 우유부단한 자세를 기회로 삼아, 조선이 적어 놓은 '울릉도'라는 부분을 삭제해 줄 것을 집요하게 요구했지만, 조선은 그나마 자존심이 조금은 남아 있었는지 이를 받아들이지 않고 차일피일 미루었다.

이 부분을 《조선왕조실록》에서는 다음과 같이 기록하고 있다.

일본 사람들이 울릉이라는 명칭을 숨기고 ……, 울릉도를 차지할 계책으로 삼으려고 하니 ……, 이를 엄격히 물리쳐 교활한 일본 사람들로 하여금 다시는 다른 마음을 내지 못하도록 해야 하는데도, 신중함이 지나쳐서 이웃 나라에 약점을 보였다.

조선은 스스로도 당당하지 못한 처신임을 알고 있었다. 기가 막힌 일이 아닐 수 없었다. 결국 새로 권력을 잡은 소론의 남구만이 나서서, 죽도는 곧 조선 영토인 울릉도이며, 조선 영토에 침입해서 조선 사람을 잡아간 것은 일본의 명백한 잘못이라는 점을 밝힌 강경한 내용의 회답서를 대마도 도주에게 다시 보냈다. 하지만 이미 약점을 알고 있던 대마도 도주의 억지는 계속되었다.

문득 위안부 할머니들의 얼굴이 떠올랐다. 이런 당당하지 못한 외교적 자세는 예나 지금이나 변하지 않은 것만 같아서 너무너무 화가 났다.

그즈음 대마도 도주 종의륜이 죽고 그의 아우 종의진이 도주가 되자, 종의진은 1696년 1월 도쿠가와 막부에 새해 인사를 하러 에도(오늘날의 도쿄)에 올라갔다. 관백은 백기국(호키구니, 돗토리현에 있었던 옛 일본의 영주국) 태수 등, 4명의 태수가 나란히 앉은 자리에서 울릉도, 독도 문제에 대해 대마도 도주 종의진에게 조목조목 따져 물었다. 결국 종의진은 울릉도, 독도가 조선의 영토임을 인정할 수밖에 없었다.

그 자리에서 관백은 대마도 도주 종의진에게 엄히 명령했다. 울릉도와 부속도서 독도는 일본 백기국으로부터 거리가 약 160리이고, 조선으로부터는 40리 정도로 조선에 가까워 조선 영토로 보아야 하며, 앞으로는 일본 사람들이 바다를 건너서 그 섬으로 들어가는 일을 금지하도록 명령했다. 아울러 대마도 도주는 이 내용을 조선 측에 전하고, 그 결과를 다시 관백에게 보고하라고 했다.

그러나 대마도 도주는 관백의 명령을 차일피일 미루고 있었고, 일본 어부들은 여전히 바다를 건너 울릉도와 독도로 들어왔다. 이를 알게 된 안용복은 직접 일본으로 건너가서 담판을 지어야겠다는 생각을 하게 되었다.

안용복은 1696년 봄, 어머니를 만나러 울산에 갔다가 영해

출신 사공 유일부, 유봉석, 평산포 선비 이인성, 낙안의 김성길, 연안의 김순립, 순천 송광사 승려 뇌헌, 승담, 연습, 영률, 단책 등 16명이 모여 울릉도로 가기로 뜻을 모았다.

유일부를 도사공(사공의 우두머리)으로 하여 울릉도에 도착했는데, 당시 상황을 안용복은 뒷날 비변사에서 다음과 같이 말했다.

> 같이 배를 타고 그 섬에 이르렀습니다. 주산인 삼봉은 삼각산보다 높았고, 남에서 북까지는 이틀 길이고, 동에서 서까지도 그러하였습니다. 산에는 잡목과 매, 까마귀, 고양이가 많았고, 왜선이 많이 들어와서 정박하여 있었습니다. 이를 본 뱃사람들이 모두 두려워하였습니다.

일본 사람들의 숫자가 너무 많은 것에 놀란 일행을 두고, 안용복은 홀로 그들에게 나아가서 "울릉도는 본디 우리 땅인데, 왜인이 어찌하여 감히 국경을 넘어 우리 땅에 침범했는가? 너희들을 모조리 포박해야 하겠다!" 하고 소리쳤다.

이 말을 들은 일본 사람들은 "우리는 본래 송도(독도를 일본에서는 그렇게 불렀음)에 사는데, 우연히 고기잡이 하러 나왔다가 여기까지 오게 되었는데 이제 돌아갈 것입니다."라고 대답했다.

　그 말에 안용복은 "송도는 우산도로서, 그 섬도 우리 땅인데 너희들이 감히 거기에 산단 말인가?"라고 따졌다.

　안용복은 이들의 말을 직접 확인하기 위해 다음 날 새벽, 우산도, 즉 독도로 갔다. 가서 보니까 과연 그들의 말대로 일본 사람들이 가마솥을 걸어 놓고 생선을 조리고 있었다. 이에 화가 난 안용복이 막대로 솥을 깨뜨리며 호통을 치자, 일본 사람들이 모두 겁을 먹고 도망을 쳤다.

　안용복은 그 일본 사람들을 쫓아서 은기도까지 갔다. 은기도 도주를 찾아간 안용복은 그 앞에서 당당하게 따졌다.

　"몇 년 전에 내가 이곳에 들어와 울릉도와 우산도가 조선의 땅이라는 관백의 서계(외교문서)까지 받았는데, 또 일본 사람들이 우리 국경을 침범했다."

　그러자 은기도 도주는 안용복의 항의를 백기국 태수에게 전하겠다고 했다. 그러나 아무리 기다려도 태수의 대답이 없었다. 이에 격분한 안용복은 직접 담판을 벌이기 위해 배를 타고 곧장 백기국으로 나아가면서, 자신을 '울릉 우산 양도 감세장'으로 칭하며 조정에서 보낸 사람인 것처럼 했다. 안용복의 통고를 받은 백기국 태수는 말을 보내어 안용복 일행을 맞이했다. 안용복은 무관의 복장에 흑포 갓, 가죽신을 착용하고 백기국으로 들어갔다.

백기국 태수를 만난 안용복은 "몇 년 전에 울릉도와 우산도 두 섬의 일로 관백의 서계를 받았는데, 대마도 도주가 서계를 탈취하고 중간에서 위조하여 여러 차례 차왜(대마도에서 조선에 수시로 파견한 외교 사절)를 보내는 등 예를 갖추고 있지 않으니, 대마도 도주의 죄상을 낱낱이 관백에게 상소를 하겠다."고 말했다. 백기국 태수가 상소를 허락하자, 안용복은 함께 간 선비 이인성으로 하여금 상소문을 만들어 관백에게 보내도록 일렀다.

이 소식을 전해 들은 대마도 도주의 아버지가 백기국 태수를 찾아가 "이 상소가 올라가면 내 아들은 반드시 중죄를 얻어 처형 당할 것"이라며 상소문을 보내지 말 것을 간청했다. 이렇게 해서 상소문이 관백에게 올라가지는 않았으나, 이 같은 정황을 알게 된 막부는 국경을 침범해 울릉도에 들어간 일본 사람 열다섯 명을 적발해 처벌했다. 그리고 백기국 태수는 안용복에게 "두 섬이 이미 조선에 속한 이상, 뒤에 혹시 다시 침범하여 넘어가는 자가 있거나 대마도 도주가 함부로 침범하는 일이 있으면, 국서를 만들어 보내 주면 엄중히 처벌하겠다."는 약속을 해 주었다.

당시 백기국 태수는 안용복 일행에게 식량과 돈을 주려 했으나, 안용복은 이를 사양하고 강원도로 귀국했다.

이후 대마도 도주는 막부의 지시대로 공식 문서를 뒤늦게 조선에 보냈고, 막부의 관백이 1696년 울릉도와 독도가 조선 영토임을 재확인하는 외교 문서를 보냈다. 이에 따라 도쿠가와 막부 시대에 만들어진 일본의 지도와 문헌에는 모두 울릉도와 우산도를 조선 영토로 표시하고 있다.

그런데 기가 막힌 일은 조선 조정에서 일어났다. 안용복 일행이 귀국한 뒤, 안용복이 관직을 사칭했다는 죄목으로 사형시켜야 한다는 주장을 펼치는 사람들이 있었다. 그러나 이번에도 남구만 등이 나서서 안용복의 잘한 일과 잘못한 일이 반반이라며 적극 만류했다. 그 덕분에 사형을 면하고 귀양 보내는 것으로 매듭을 지었다.

당시 남구만은 조정에서 안용복의 활약상을 이같이 밝혔다.

> 대마도의 왜인이 울릉도를 죽도라 거짓 칭하고, 막부의 명령이라 거짓 핑계 대어 조선인들이 울릉도를 왕래하지 못하도록 중간에서 농간을 부린 것이 안용복 덕분에 죄다 드러났으니, 참으로 통쾌하고 기쁜 일이 아닐 수 없습니다.

조선은 나라에서 하지 못한 일을 혼자서 해낸 독전왕 안용복에게 상은커녕 오히려 귀양을 보냈다. 조선이 영토를 지킨 안용복을 처벌함으로써 자존심을 챙기고 기뻐한 사람은 대마도 도주였으며, 조선은 국력의 허약함을 보여 준 꼴이 되고 말았다. 결국은 일본과 외교에서 스스로 업신여김을 당하는 처지를 만들었음을 볼 수 있다. 예나 지금이나 전혀 고쳐지지 않고 있는 우리 외교의 모습이 고스란히 드러나는 것만 같아서 화가 치밀어 올랐다.

참으로 안타깝고 답답한 마음을 안고, 우리는 친절하게 설명해 준 해설사에게 감사 인사를 했다.

"으이그!"

기념관 밖으로 나온 아라가 제 가슴을 퍽퍽 두드렸다.

우리는 다시 뱃머리에 서서 칼을 높이 쳐든 독전왕 안용복 장군 조각상 앞에 섰다.

"무엇이 두려운가. 당당하게 맞서라."

우렁우렁한 장군의 외침이 파도가 되어 바다 가득히 밀려왔다. 가슴이 부르르 떨리며 온몸에서 소름이 돋았다.

12. 드디어 독도

아침 일찍 사동항으로 달려갔다.

미리 예약은 했지만, 배표는 직접 와서 사야 한다고 했다. 파도가 있지만 그다지 높지 않기 때문에 출항은 할 거라고 했다. 그러나 파도가 독도 선착장을 넘을 때는 접안을 못할 수도 있다며 미리 겁도 주었다. 더욱이 오후부터 파고가 높아질 거라는 예보가 있다고도 했다. 혹시나 하는 마음에 자꾸만 하늘과 바다를 번갈아 보았다. 울릉도, 독도 여행은 하늘이 도와주어야 제시간에 무사히 마칠 수 있다는 말이 꼭 맞는 것 같았다.

여객선 터미널 안으로 들어서자 벌써 관광객들이 줄을 길게 서 있었다. 뿐만 아니라 태극기를 파는 사람도 눈에 띄었다. 벌써 태극기를 들고 있는 사람들도 보였다.

"태극기는 왜, 사지?"

내 말에 아라가 싱긋 웃었다. 알고 있다는 얼굴을 했다.

"텔레비전에서 못 봤어? 독도에 간 사람들이 태극기를 들고 사진 찍는 장면이 나오잖아."

"아하, 그래서 태극기를 파는구나. 우리도 살까?"

태극기를 사고 싶었다. 태극기를 흔들면서 사진을 꼭 찍고 싶었다.

"우리는 저 사람들과 다르잖아."

"뭐가 달라. 눈, 코, 귀, 입 다른 게 뭐야."

아라가 잠깐 입 꼬리를 실룩하더니 나를 보며 오히려 고개를 갸웃거렸다.

"다르다는 게 얼굴 모습이 아니라, 우린 그곳에서 머물지만 저 사람들은 사진만 찍고 돌아온다 이 말이야."

나는 그 일을 깜빡 잊고 있었다. 호주머니에 들어 있는 '입도 허가서'를 꺼내 확인해 보았다. 우리는 이틀을 독도에서 보낼 수 있다는 허락을 받았다.

"맞아. 우리는 특별한 여행객이지."

매표창구에서 독도 왕복표 2장을 샀다. 아라가 멀미를 걱정했기 때문에 2층, 1등석 자리를 구했다. 미리 약도 챙겨 먹었다.

배에 올라가서 자리를 찾아보았다. 맨 뒷자리였다. 먼저 줄을 선 사람들이 앞자리 표를 차지한 모양이었다. 선실은 넓었지만 의자가 빼곡하게 놓여 있었기 때문에 돌아다니기에는 약간 불편했다. 그래도 2층이라서 주변을 살피기에는 좋았다.

그래 보았자 바다뿐이지만 환하게 열린 게 좋았다. 우리는 배낭을 의자 밑에 밀어 넣고는 자리에 앉았다.

긴 고동을 울린 배는 천천히 뒷걸음을 치며 부두를 밀었다. 몸을 비틀 듯이 뒤로, 앞으로 방향을 바꾸더니 천천히 바다를 향해 엔진 소리를 높였다. 다시 뱃고동이 울렸다.

1시간 30분이면 독도에 닿을 수 있다고 했다.

먼 바다로 나아가면서 배는 요동이 약간씩 심해졌다. 벌써 멀미 때문에 화장실로 향하는 사람들이 하나둘 생겨났다. 멀미약을 먹은 게 참 다행이라는 생각을 했다. 멀미하는 사람들을 보면서 수토사와 안용복 장군 생각이 이어졌다. 쾌속선도 있고 길도 잘 닦여진 지금도 이렇게 힘든데, 모든 게 어려웠던 그때는 목숨을 걸고 나섰던 길이었다는 말이 새삼스럽게 가슴에 와 닿았다. 그래서 수토사들은 수토 활동을 하늘이 도와야 이룰 수 있는 일이라고 했다.

큰 바다로 나서자 바다가 평평하기만 한 게 아니었다. 민숭민숭한 둔덕이 슬그머니 다가와서 배를 슬쩍 들었다가 내려놓는 것 같았다. 너울이 쉼 없이 밀려왔다. 가만히 앉아 있어도 온몸이 흔들흔들, 하늘이 빙글빙글 돌았다.

독도 선창에서 관광객을
맞이하는 독도 경비대원

　사동항을 출항해 한 시간 반 동안 일렁대던 배는 드디어 독도에 도착했다. 나지막한 방파제가 배를 맞았다. 배는 그 조그마한 방파제 가까이 다가가려고 여러 차례 움찔움찔 용을 썼다. 독도에 머물 수 있는 시간은 20분이라는 안내 방송이 나왔다. 또 승무원의 지시에 잘 따라 달라는 말이 여러 차례 반복되었다. 창 너머에는 독도 경비대원들이 한 줄로 서서 거수경례로 승객들을 맞이하고 있었다.

"아, 드디어 독도!"

우리의 소중한 땅 독도였다.

아라가 눈물을 몰래 훔치고 있었다. 나는 그냥 못 본 체 했다. 나도 왠지 가슴이 먹먹해지면서 울컥하는 감정이 목젖까지 올라왔기 때문이었다.

"자, 조심해서 내리십시오. 20분 뒤에는 승선하셔야 합니다."

배의 출구가 열리면서 선원들이 먼저 나가서 승객들의 손을 일일이 잡아 주었다.

천천히 독도에 첫발을 디뎠다. 독도에 내려서면서 동도를, 그리고 서도를 건너다 보았다. 큰 바위산 둘과 작은 바위들이 옹기종기 앉아 있었다. 정겹고 또 정겨웠다.

사람들은 태극기를 번쩍 쳐들며 만세를 부르기도 했다. 선착장 바닥을 만지는 사람, 경비대원과 악수를 나누는 사람, 가슴을 활짝 펴면서 길게 숨을 들이키는 사람, "독도야!"를 외쳐 부르는 사람도 있었다. 나름대로 독도를 가슴에 담은 사람들은 다음으로 같이 온 사람들끼리 사진을 찍었다. 그리고는 서둘러 독도의 모습을 찍어 댔다. 어느 쪽을 보고 눌러도 아름다운 사진이 되었다.

　뱃고동이 울렸다. 벼르고 별러서 온 독도의 시간 20분은 너무나 짧았다. 눈 깜짝할 사이에 20분이 지나가 버렸다. 사람들은 아쉬운 마음과 함께 배에 올랐다.

　배는 아쉬운 마음들을 싣고, 독도를 한 바퀴 돌아서 울릉도로 향해 달려갔다.

　아라와 나만 덩그렇게 남았다.

　"온다는 손님이 너희들이구나."

　할아버지 한 분이 다가오며 활짝 웃었다. 사진으로 보았던 독도 이장님이었다.

　"오늘은 꼬마 손님들이네."

　경비대 형들이 다가와서 내 머리를 휘리릭 쓸며 장난을 걸었다.

　우리는 그제야 마음이 놓였다.

　"많이 가르쳐 주세요."

　이장님께 꾸벅 인사를 했다.

　"그래도 너희들은 행운이다. 오후부터는 파도가 높아진다던데 아마도 오후에 오는 배는 그냥 돌아갈 거야."

"그냥 가며는 ……."

"독도를 멀거니 바라만 보고 돌아가는 거야."

이장님이 우리를 고무보트에 태우고 서도로 건너가면서 허허허 웃었다. 그 말을 불과 몇 시간 뒤에 확인할 수 있었다. 우리가 타고 온 배 다음에 온 배는 선착장에 대지를 못했다. 근방까지 왔다가는 뒤로 물러나서 섬을 한 바퀴 빙 돌고는 돌아가야만 했다. 높아진 파도가 선착장 위로 철썩철썩 기어올랐기 때문이었다.

우리는 서도 어민 숙소 3층에 짐을 풀었다. 준비해 온 비상 식량으로 점심을 든든하게 챙겨 먹은 뒤에 아래층으로 내려갔다. 고기잡이 나갔던 이장님이 어른 팔뚝만한 물고기를 들고 왔다. 낚시로 잡은 방어라고 했다. 아라가 코를 가까이 대면서 킁킁거렸다.

"먹고 싶어?"

이장님이 장난스럽게 물고기를 아라 앞으로 덜렁 내밀었다. 아라가 얼굴을 찡그리며 뒤로 한걸음 물러났다.

"이장님! 안용복 장군이 조정에 가서 독도에서 일본 어부들을 쫓아냈다고 말했거든요. 안용복 장군이 일본 사람들을

어민 숙소

쫓아서 독도에 왔더니 그들이 솥을 걸어 놓고 고기 기름을 달이고 있었다고 했거든요. 그들이 배를 대고 머물렀다면 어디일까요?"

　나는 그곳이 궁금했다. 그곳을 직접 보고 싶었다. 언뜻 보기에는 사람들이 머물만한 곳이 보이지 않았기 때문이었다. 어떤 실마리라도 얻어 보려고 안용복이 조정에서 했다는 그 말을 꺼내 보았다.

"이튿날 새벽 일찍 배를 몰아 자산도(독도, 우산도의 한자 '우(于)'를 '자(子)'로 잘못 읽어서 자산도라고 부르기도 했음)에 갔습니다. 역시 왜인들이 가마솥을 걸어 놓고 고기 기름을 달이고 있었습니다. 제가 달려가서 막대로 쳐서 솥을 깨뜨리고 큰 소리로 꾸짖었더니, 왜인들이 거두어 배에 싣고서 돛을 올리고 도망쳤습니다. 제가 바로 배를 타고 뒤쫓았습니다."

가마솥을 걸고 기름을 달였다면 한두 사람이 아니었을 것이다. 아울러 그들이 며칠 머물러 있으려면 마실 수 있는 물도 있어야 했을 것이다. 마실 물이 나오는 곳이 좁은 독도에 과연 있었을까. 내 이야기를 가만히 듣고 있던 이장님이 싱긋 웃었다. 알고 있다는 얼굴이었다.

"독도는 내가 모든 걸 꿰고 있지. 고민하지 말고 물어. 물어 봐."

"그런 곳이 있어요?"

"있지. 암, 있고말고. 바로 물골이야. 바로 이 너머야."

이장님은 어민 숙소 뒤 계단을 가리켰다.

"저 계단이라고요?"

계단은 서도의 비탈을 따라 길게 중턱까지 뻗어 있었다. 경사가 급해 올라가기도 어렵겠지만 내려올 때는 생각만으로도 아찔할 정도였다.

"저 계단을 타고 건너편으로 넘어가면 된다 이 말이야."

계단을 보더니 아라는 고개를 절레절레 흔들며 뒷걸음을 쳤다.

"모, 못해요."

"뭘 겁을 먹고 그래. 나는 말이다. 독도에 처음 들어왔을 때는 물골에서 물을 길어다 먹었어. 물 한 지게를 지고 서도를 날아다녔지. 그때는 저런 계단도 없었어. 저 계단 생기고부터는 양반걸음으로 다닌다."

이장님은 어깨를 으쓱하며 그 정도 갖고 뭘 겁을 먹느냐는 표정을 지었다.

힘들겠지만 물골로 꼭 가 보고 싶었다. 계단으로 걸음을 옮기면서 아라의 눈치를 살폈다. 아예 내 눈길을 피해 다른

물골 계단

물골

곳을 보고 있었다. 아라는 갈 생각이 전혀 없었다. 혼자 가려니 갑자기 기운이 쭉 빠지면서 자신이 없어졌다. 멀거니 계단을 올려다보았다.

"아이쿠, 이 녀석아! 이리 와라. 내가 너희들끼리 계단 오르는 것을 어떻게 보고 있겠느냐. 그냥 장난으로 해 본 소리야. 이리 와. 이리."

이장님이 껄껄껄 웃으며 뭍에 끌어올려 두었던 고무보트를 바다로 내렸다.

"보트로 갈 수 있어요?"

아라가 망설임도 없이 냉큼 보트에 올랐다.

"보트로 가면 잠깐이지."

보트가 일으킨 물보라가 얼굴을 덮쳤다. 짭조름한 바닷물이 입 안으로 흘러 들어갔다. 서도를 반 바퀴 돌자 바로 자갈이 반짝이는 물골이었다. 보트가 파도 한 자락처럼 자갈 위로 쓰윽 올라갔다.

"저기 작은 굴 보이지?"

이장님이 작고 나지막한 굴을 가리켰다. 물골이었다. 우리는 단숨에 물골로 달려갔다. 옛날에는 물이 제법 흘렀으며,

안쪽에서 강치의 뼈가 발견되기도 했다. 우리 어민들도 독도로 고기잡이 나왔을 때는 물골에 머물렀다고 했다. 독도에서는 유일하게 먹을 수 있는 물이 나오기 때문이었다. 물이 있었다면 이곳에서 살거나 오랫동안 머물 수도 있었을 것으로 짐작이 되었다. 바로 이곳에서 안용복 장군은 불법으로 들어와서 물고기를 잡거나 강치를 학살하던 일본 사람들을 쫓아냈다. 안용복 장군의 우렁찬 고함소리가 들리는 듯했다. 그 고함에 놀란 일본 사람들이 혼비백산해 쫓겨 가는 모습이 그려졌다.

물골 안을 들여다보았다. 우리 어부들이 만들어 놓은 흔적도 보였다. 돌멩이 하나하나가 그냥 지나쳐 보이지 않았다. 안용복 장군과 수토사들의 손길이 되살아날 것만 같았다. 돌멩이 하나를 집어 들었다. 독도를 지킨 조상들의 따뜻한 체온이 남아 있는 것만 같아서 바로 내려놓을 수가 없었다.

"저기 저 평평한 바위가 가제바위야. 강치 알지?"

우리를 지켜보며 자갈밭에 앉아 있던 이장님이 물골 앞에 있는 넓고 평평한 바위를 가리켰다. 강치들이 모여 살았다는 가제바위였다.

가제바위

　아라는 보트에 탄 뒤로는 말이 없었다. 가제바위는 먼, 먼 옛날 강치 조상들의 고향이기도 했다. 아라는 넋을 놓은 채 가제바위를 바라보고 있었다.
　언뜻언뜻 등장하는 수토사들의 기록과 울릉도 주민들의 이야기에 의하면 강치는 독도와 울릉도, 강원도 해안을 오가며 살았다고 한다. 어부들이 다가가면 수십, 수백 마리가 무리를 지어 소리를 질러 댔다. 큰놈은 망아지나 송아지만 하고, 작은 놈은 강아지나 돼지만 했다고 적어 두었다. 1900년 무렵에는 이 독도에 수만 마리의 강치가 무리를 지어 살았다. 20세기 초 탐욕스러운 일본과 이를 등에 업은 일본 어업회사가 불법으로 우리 독도에 들어와서 돈벌이를 위해 강치들을 무참히 죽였다. 얼마나 많이 잡았는지 독도 주변 바닷물 색깔이 붉게 변했다고 했다. 짧은 기간 동안 한 생명체에 대한 무자비한 살육으로 결국 독도에서 강치는 멸종되고 말았다. 종을 이어갈 수 없을 만큼 개체 수가 줄어들었기 때문이었다.

  가제바위는 오늘도 강치를 기다리고 있는 게 분명했다. 가제어 즉 강치가 없는 가제바위는 더 이상 가제바위가 아니었다. 그 쓸쓸한 기다림을 우리는 보고 있었다. 아라는 소리 없이 울고 있었다. 그물로, 죽창과 칼로, 총으로 죽어 갔을 강치들 모습을 떠올리며, 알 수 없는 그들의 이름을 하나하나 불러 주고 있었다. 달래려고 아라 곁으로 다가가려 하자, 이장님이 손가락으로 입을 가리며 가만히 두라는 눈짓을 했다. 그 무엇으로도 위로해 줄 수 없다는 것을 이장님은 이미 알고 있었다.

강치의 피로 물든 바다, 생명을 무참히 죽인 그들은 과연 어떤 얼굴이었을까 궁금하기까지 했다. 신라 때부터 지켜 온 우리 땅은 생명들이 평화롭게 살아가는 은혜로운 풍요의 터전이었다. 그러나 한순간 우리가 힘을 잃은 사이에 평화의 땅은 고통의 땅이 되고 말았다. 가제바위는 그 역사를 생생히 말해 주고 있었다.

고개를 들어 수평선을 보았다. 울릉도가 선명하게 수평선에 앉아 독도를 그윽이 지켜보고 있었다. 마치 형이 동생을 지켜 주듯이. 그래서 독도는 옛날부터 지금까지 또 영원히 울릉도의 부속 섬인 것이다. 해가 울릉도 위에서 빛나고 있었다.

"독도에서 울릉도가 잘 보이네요."

"그러믐. 1년 내내 보여. 울릉도는 저렇듯 형님처럼 늠름하게 독도를 지키고 있단다."

이장님의 말에 대답하듯이 갈매기가 끼룩거리며 하늘로 날아올랐다. 우리 바다, 우리 독도 갈매기였다.

독도 전경
ⓒ 김현길

서도

물골 해안

12. 드디어 독도

13. 한국령

독도에서 둘째 날 아침이었다.

"오늘은 동도로 갈 거예요."

이장님은 내 말에는 대꾸를 하지 않고 아라 얼굴을 살폈다.

"저 녀석을 어떻게 한다아?"

문득 마음 약한 아라에게 강치 이야기를 괜히 들려주었다는 생각이 들었다. 내 딴에는 우리 땅을 지키려고 애쓴 조상들의 흔적을 보여 주고, 고통 받은 일들도 알리고 싶어서 했던 일인데, 조금 심하다고 할 만큼 아파할 줄은 몰랐다. 나도 어떻게 해야 할지 막막했다. 그런데 이장님이 아라에게 다가가서 그 곁에 앉았다.

"얘야! 파도가 높아서 어제는 못 가 봤는데 가제바위에 한 번 가까이 가 보면 어떻겠니? 나와 같이 보트로 가 보자."

자분자분 달래는 이장님의 말에 아라는 눈물을 글썽이며 고개를 끄덕였다.

이장님이 나를 슬쩍 돌아보며 엄지를 척 올렸다. 이장님이 보트 시동을 걸었다. 보트는 신나게 소리를 지르며 서도를 북쪽으로 돌아서 가제바위로 갔다. 큰 가제바위와 작은 가제바

서도 가제바위와 물골 해안

위 위로 파도가 넘실거렸다. 아라가 가제바위로 뛰어내리려고 했다.

"아서라. 미끄러워서 다칠 수도 있단다. 그냥 보기만 해."

이장님이 아라의 팔을 잡았다. 아라가 다시 주저앉았다. 가제바위에는 갈매기들이 바람 부는 쪽으로 머리를 두고 나란히 앉아 있었다.

아라에게 시간을 넉넉히 주었다. 아라가 마음을 추스를 때까지 기다려 주었다.

"이제 돌아가도 되겠지?"

이장님이 넌지시 배를 돌렸다.

"고맙습니다."

아라가 작은 소리로 말했다. 목소리에도 슬픔이 가득 배어 있었다. 강치들의 슬픔이 아라에게 고스란히 전해진 것만 같았다.

"그래, 내가 너희들 기분을 풀어 줄 겸 해서 선물을 또 하나 하지. 쉽게 볼 수 없는 곳이야."

이장님은 보트로 바다 위에다 크게 원을 그리며 방향을 뒤로 돌렸다. 보트 소리 때문에 갈매기들이 한꺼번에 날아오르며 '니옹니옹' 울어 댔다. 삼형제 바위 근방에서 동도 쪽으로 방향을 스윽 바꾸더니 속도를 서서히 줄였다. 조심스럽게, 천천히 바위 사이로 보트를 몰아넣었다.

"여기서는 위를 봐. 천장굴이야."

"천장굴!"

우리는 동시에 위를 쳐다보았다.

"와우, 와우!"

삼형제 굴바위

천장굴

아득하게 하늘이 열려 있었다. 옆으로 난 굴이 아니라 수직으로 열린 굴이었다. 굴 안으로 들어와서 낮게 날던 갈매기들이 휘익, 휘익 머리 위를 스치듯 지나갔다. 바위 틈틈이 나무와 풀들이 매달려 묘기를 부리고 있었다. 물은 바위 사이로 비껴 들어온 햇살에게 바닥을 다 드러내 보여 주었다. 한껏 자신의 맑은 물빛을 자랑하는 것 같았다. 한 번씩 날아오르던 갈매기가 쏘아붙이는 똥이 우박처럼 떨어지기도 했다. 다른 세상 속으로 들어온 것 같았다.

"신기한 세상, 미지의 세계에 갔다 온 기분이야."

아라의 기분도 조금씩 좋아지고 있었다.

이장님은 우리를 동도 선착장에 내려 주었다.

"서도에서 하룻밤을 지냈으니까 오늘은 동도에서 지내봐라. 독도에 왔으니 고루고루 다니며 체험해야지."

이장님은 넉넉한 웃음으로 우리 등을 넌지시 떠밀었다. 경비대원 숙소는 서도 어민 숙소와는 달리 동도 계단을 따라 꼭대기까지 올라가야 했다. 계단마다 온통 갈매기 똥이 허옇게 말라붙어 있었다. 그 뿐만 아니었다. 바위틈이나 바람을 피할 만한 데는 어김없이 갈매기들이 앉아 있었다. 그것은 아무엇도 아니었다. 군데군데 갈매기 알이 오롯이 모여 앉아 부화를 기다리고 있었으며, 갈매기 새끼들이 위태위태한 걸음으로 어미를 부르기도 했다. 바람에 쓸려 비탈로 떨어질 것 같아서, 보는 마음이 조마조마해 오래 볼 수가 없었다. 그야말로 갈매기들의 천국이었다.

계단은 정상까지 놓여 있었다. 계단이 끝날 무렵 독도 경비대 앞에서 '한국령'이라는 바위 글씨가 우리를 반겼다.

1954년 11월이었다. 독도 가까이 접근해 오는 일본 함정 두 척을 향해 해안포 사격이 있었다. 정부를 대신해 주민들이 자치적으로 만든 독도 의용 수비대가 독도 상륙을 꾀하는 일본 함정을 물리친 사건이었다.

전쟁으로 우리가 어려움에 빠져 있을 때, 비겁하게도 일본은 또 그 틈을 타서 독도를 차지하려고 했다. 1953년 5월부터 일본은 무장 순시선을 계속해서 보내어 우리 어부들을 독도 근해에서 쫓아냈다. 그야말로 무력으로 독도를 차지하겠다는 침략 야욕을 드러냈다. 심지어 독도에 상륙하기도 했으며, 수산 실습선들이 자기 나라처럼 드나들었다.

이를 보다 못한 울릉도 주민 50여 명이 독도를 지키자는

독도 표지석

독도 의용 수비대원들이
새겨둔 한국령

데 뜻을 모으고, 독도 의용 수비대를 구성했다. 정부에서 경비를 대 준 것도 아니었다. 그들은 고기잡이로 어렵게 마련한 돈으로 무기를 구입하여 독도로 건너갔다. 가장 먼저 국기 게양대와 막사를 세우고, 본격적으로 일본 함정과 맞서 싸웠으며 결국 독도를 지켜냈다.

'한국령'이라는 글자는 바로 이들이 새긴 것으로 독도 수호 의지가 함께 담긴 글자였다. 글자 곁에는 독도 의용 수비대의 정신을 기리듯이 붉은 갯메꽃이 바람을 타고 있었다. 바위를 기어오르는 섬기린초, 땅채송화도 전혀 낯설지 않았다. 그뿐이 아니었다. 구석진 곳에서는 까마중 한 알이 까맣게 익어 가고 있었다. 우리 얼굴, 우리 냄새를 그대로 닮아 있는 풀들이, 독도가 우리 땅이라는 것을 말해 주고 있었다. 그동안 떨어져 지내던 친구를 만난 것처럼 무척이나 정겨웠다.

경비대장님이 직접 나와서 우리를 친절하게 맞아 주었다. 독도경비대가 하는 일도 자세하게 들려 주었다. 그때, 동도 북쪽 자락에서 망원경으로 바다를 살피던 부대장님이 우리를 급히 불렀다. 호기심으로 똘똘 뭉쳐진 우리에게 망원경을 넘겨 주었다.

"뭐가 보여요?"

"자세히 봐."

먼 바다로 일장기가 그려진 일본 순시선이 지나가고 있었다. 수시로 우리를 넘보고 있다고 했다. 그래서 한 시라도 경계를 소홀히 할 수 없다고 했다. 곳곳에서 바다를 노려보고 있는 경비대원 형들의 모습이 든든하게 느껴졌다.

짐을 풀고 점심을 맛있게 먹었다. 경비대원 형들의 점심시간에 맞추어 갈매기들이 식당 앞을 서성거렸다. 장난기 많은 형들이 음식을 남겨 와서 공중으로 던졌다. 그것을 받아먹으려고 갈매기들이 날아들었다.

동도 주변 바다를 살펴볼 겸해서 헬기장으로 올라갔다가 천장굴을 내려다보았다. 아침에 올려다본 바로 그 굴을 이번에는 내려다보았다. 까마득하게 내려앉은 굴이 다른 생명체가 살고 있는 특별한 세상처럼 느껴졌다. 영화에서나 나올 것 같은 신비한 모습을 보여 주고 있었다. 그 밑바닥에서 낯선 생명체가 웅웅거리며 신호를 보내올 것만 같았다.

"얘야! 그냥 가만히 서 있다가는 똥 맞는다. 조심."

경비대원 형이 천장굴을 보느라 고개를 빼고 있는 우리를

우리나라 동쪽 끝을
밝혀 주는 독도 등대

불렀다. 갈매기들이 하늘을 덮고 있었다. 우리를 놀리려고 해 보는 거짓말이 아니었다. 하늘에서 찌익찌익 갈매기 똥이 떨어지고 있었다. 잘못하다가는 똥 세례를 받을 것만 같았다. 우리는 손으로 머리를 감싸고는 추녀 밑으로 도망쳤다.

 동도의 경비대 곁에는 독도 등대가 있었다. 우리 어부들에게 바닷길을 안내해 주는 또 다른 국토 지킴이였다. 그러나 여기에도 아픔이 있었다. 일본 사람들이 러일전쟁을 위해 독도에다 처음으로 등대를 세우고, 일본 군인들이 근무했다고 한다. 일본이 끊임없이 독도를 탐내는 이유는 아직도 침략의 야욕을 버리지 못하고 있음을 보여 주는 것이다.

등대를 둘러보고 나오자 등대원(항로 표지원) 아저씨가 말을 걸었다.

"해 지고 난 뒤에 우리 숙소로 놀러 와."

"재미있는 일이 있어요?"

아라가 물었다. 아라는 이제 완전히 기분이 제자리로 돌아와 있었다.

"그럼. 재미있는 별들의 쇼가 있을 거야."

"별 쇼요? 그런 자료가 있어요?"

"자료? 자료치고는 기가 막힌 자료지."

밤이 되기를 기다렸다. 저녁을 먹고 조급증이 나서 마냥 기다리고 있을 수가 없었다. 바로 등대원 아저씨 숙소로 달려갔다.

"어둠이 짙을수록 별이 빛나는데……."

아저씨는 우리를 헬기장 위로 데리고 갔다. 긴 야외용 의자를 펼쳐 주었다. 의자 위에 누웠다. 하늘 가득히 피어난 별이 우리 얼굴 위로 쏟아져 내렸다.

"불꽃 쇼, 아니 별꽃 쇼야!"

아라가 어쩔 줄 몰라서 소리를 질렀다.

"저 별은 그리움이야. 사람들마다 그리움을 하나씩 가슴에 품고 있다가 밤이 되면 그 마음들을 저렇게 하늘에다 걸어 두는 거야."

"아저씨 별도 있어요?"

"그러음. 여기 떨어져 있으면 멀리 육지에 있는 우리 가족이 너무나 보고 싶어. 그래서 우리 아이들 보라고 밤마다 여기 나와서 그리운 마음을 저기다 걸어 놓는단다."

우리는 한참 동안 말을 하지 못했다. 가족들을 그리워하는 아저씨의 마음이 천천히 하늘로 날아올랐기 때문이었다.

"나도 별을 하나 걸어야겠어요."

아라가 젖은 목소리로 말했다.

"괜한 소리 마. 네가 누구를 그리워한다고 그래."

나는 아저씨 기분을 깰까 봐 아라에게 핀잔을 주었다.

"그런 소리 마. 멀리 있는 아빠, 엄마 또 오래 전에 사라진 강치 친구들 모두 모두 그리워."

가제바위를 본 뒤로 강치가 당한 일들이 고스란히 가슴에 새겨진 모양이었다. 우리는 또 말없이 하늘만 올려다보았다. 하늘에는 누군가가 걸어 놓은 그리운 마음들이 파랗게 빛나고 있었다.

14. 독도에 남기다

독도에서 3일째 되는 날이었다. 우리의 여행도 마칠 시간이 다가오고 있었다.

아침부터 아라가 이상한 말을 꺼냈다. 엉뚱하게도 독도에 남겠다고 했다.

"너 지금 제 정신이야? 독도는 마음대로 있을 수 있는 곳이 아니야. 우리가 이틀 머무는 것도 여러 군데 허락을 얻어야 했잖아."

아라를 달래다가 나중에는 버럭버럭 화를 냈다. 그러나 도무지 말을 듣지 않았다.

"독도는 옛날 우리 어부뿐만 아니라 강치들이 살던 곳이라는 거는 너도 잘 알잖아. 그래서 그 옛날로 되돌아가고 싶을 뿐이야."

"그때와 지금은 달라."

"노력해야지. '옛날에 그런 일이 있었단다. 그러나 지금은 그렇게 할 수 없어.' 하면서 그냥 넘어가는 것은 너무 무책임하다고 생각해."

"그래서 어쩌자는 거야?"

"여기 남겠어."

나는 더 이상 설득할 수가 없었다.

"방법은 있어?"

"생각해 둔 게 있어."

"정말 못 말려, 알아서 해. 더 이상 말리지 않을 테니까."

나는 더 할 말이 없었다. 내 배낭만 꾸렸다.

그동안 도와준 경비대원 형들, 항로 표지원 아저씨들과 작별 인사를 나누었다. 헤어지는 시간은 늘 아쉽고 섭섭하기 마련이었다. 몇 차례 인사를 하고 손을 흔들고는 조심조심 계단을 내려왔다. 선착장 가까이 왔을 때 돌아보니 아라도 저만큼 뒤처져서 따라오고 있었다.

"남겠다더니?"

돌아보지도 않은 채 말을 툭 던졌다.

"그럴 생각이야."

선착장에는 경비대원 형들이 손님 맞을 준비를 하고 있었다. 나도 그 곁에 가서 섰다. 따라오던 아라가 배낭을 벗어서 내 옆에 두고는 숫돌바위 쪽으로 걸어갔다.

사람보다 태극기를 가득 실은 것 같은 여객선이 천천히 선착장으로 다가왔다. 배가 닿자 태극기를 손에 든 사람들이 우르르 내려왔다. 짧은 20분 동안 태극기를 흔들며 사진을 찍어 댔다. 사람들 사이로 아라가 걸어갔다. 손에 뭔가를 들고 있었다.

"빨리 와. 우리 자리를 찾아야 되니까 먼저 타자."

아라가 손을 약간 들어 보였다. 알았다는 손짓 같았다. 혼자 먼저 배에 오르려고 할 때였다.

"배낭 가져가야지."

경비대원 형이 아라 배낭을 집어서 건네주었다. 묵직한 배낭을 받았다. 배에 올라서 우리 자리를 찾고 난 뒤에 창에 붙어 서서 아라를 기다렸다.

그때 스피커에서 승선을 알리는 방송이 나왔다.

"승선하세요. 곧 출발합니다."

승객들은 모두 하던 일을 멈추고 배를 향해 움직였다. 그런데 그 사람들 맨 뒤에서 멈칫거리던 아라가 내게 손을 높이 들어 보였다. 그러고는 뭐라고 말을 하는 듯 했다. 입 모양으로 보아서는 '미안해.'라는 말 같이 느껴졌다. 그러고는 슬며시 돌아서더니 선착장을 따라 걸어갔다. 정말 무슨 일을 저지르면 어쩌나 하는 생각에 가슴이 덜컥 내려앉았다.

"아니, 정말 그럴 거야? 지금 승선하라고 하잖아. 빨리 오라고, 빨리 와!"

나는 애가 타서 마구 소리를 질렀다. 그러나 내 고함은 많은 사람들 사이에 묻히고 말았다.

아라는 선착장 벽면에 붙어 서더니 다시 나를 보았다. 두 팔을 올려 하트 모양을 만들었다. 그러고는, 벽면에 세워 둔 강치 조형물을 쓰다듬으며 뭐라고 중얼거리는 듯했다. 그제야 조금 전에 나를 향해 아라가 벙긋거리던 말뜻을 알아차릴 수 있었다.

"미안해!"

아라는 그렇게 말하고 있었다. 우리가 우리 땅을 굳건히 지키지 못하는 바람에 독도에서 사라진 강치들에게 미안한 마음을 담아서 진심으로 위로의 말을 전하고 있었다. 언젠가는 강치가 번성하는 섬이 되도록 하겠다는 다짐과 약속을 남겨 두고 있었다.

"아, 아라야!"

내 입이 꽉 얼어붙어 버렸다. 늘 반 박자 늦다고 핀잔을 주곤 했는데, 느려 터져서 곧잘 다른 아이들의 놀림감이 되고,

때로는 왕따가 되기도 하던 아라가 완전히 다른 아이로 보였다. 정말 그동안 몰랐던 아라의 모습이었다. 무슨 말을 해야 겠는데 말이 나오지 않았다. 입만 붙은 게 아니었다. 온몸이 그대로 창에 꽁꽁 묶여 버린 것 같았다. 꼼짝할 수조차 없었다. 승객들이 모두 오르고 여객선이 고동을 두어 번 울린 뒤에 아라가 힘껏 뛰어와서 배에 올랐다. 그제야 '휴우우' 하며 숨을 내쉴 수 있었다.

배가 바다 가운데 들어섰을 때 내 몸은 거짓말처럼 풀렸다.

자리로 돌아와서 나도 아라의 소망이 이루어지기를 빌었다. 언젠가 꼭 가제바위에서 웅성거리는 강치들의 소리를 들을 수 있기를 빌었다. 독도가 갈매기의 천국뿐만 아니라 침략과 수탈이 없는, 평화로운 강치의 천국도 되기를.

"아라야! 앞으로는 네 생각을 미리미리 말해 주면 좋겠어. 그렇게 하지 않으면 여행 같이 다닐 수 없다. 네 돌출 행동 때문에 내 심장이 다 졸아들었어."

"알았어. 늘 챙겨 줘서 고마워."

"뭘 챙겨 줬다고 그래?"

"오늘 내 배낭도 챙겼잖아. 늘 내 편이 되어 주고."

나는 가만히 아라 얼굴을 바라보다가 말했다.

"우린 친구잖아. 근데 너 참 멋져 보여."

내 말이 민망했는지 아라가 내 옆구리를 툭 치며 싱긋 웃었다.

옛날 수토사들은 수토 활동을 마치고 배를 대풍감에 옮겨 두고 바람을 기다렸다. 동풍이 불어와서 돛을 부풀리기 시작하면, 도사공은 한 손에 도끼를 들고 기다렸다가 가장 팽팽해진 순간에 도끼로 닻줄을 끊어 버린다고 했다. 그러면 바람을 받은 배는 순식간에 육지에 가서 닿는다고 했다. 그럴 수는 없었을 것이다. 그러나 다시 생각해 보면 수토사마다 그런 소망을 간절히 품었을 것이다. 육지로 무사히 돌아가야 한다는 애타는 마음은 어디 수토사 일행뿐이었을까. 수토사 일행을 떠나보낸 육지의 가족들은 배가 오기로 약속한 날이 되면, 대풍헌이 있는 구산 마을 뒷산에 올라가서 관솔불을 밝히며 배를 이끌었다. 이 일은 밤마다 계속되었으며, 배가 선착장에 닿을 때까지 불을 끄지 않았다고 한다. 이처럼 울릉도와 독도를 지키려는 마음과 마음들이 오늘날까지 이어져서 울릉도와 독도는 우리 땅이 되어 있는 것이다.

우리는 울릉도 사동항에서 도동항으로 옮겨, 육지로 돌아오는 배를 갈아타고 무사히 집으로 돌아왔다. 돌아오는 뱃길은 호수처럼 잔잔했다.

동도에서 본 서도(여름 풍경)
ⓒ 김현길

용오름, 울릉도와 독도 사이 바다에서

ⓒ 김현길

해무에 덮힌 독도
ⓒ 김현길

독도 갈매기
ⓒ 김현길

독도 경비대원이
기르는 삽살개 한 쌍
ⓒ 김현길

독도의 일몰
ⓒ 김현길

섬기린초
ⓒ 김현길

동도에 있는 한반도 모양의 바위
ⓒ 김현길

독도의 여명
ⓒ 김현길

독도 등대
ⓒ 김현길

독도 일출
ⓒ 김현길

책을 펴내기까지 도움을 주신 분

포항 MBC 신영민 프로듀서, 노유정 작가
한국태실연구소 소장 심현용 박사
울산을 중심으로 활동하고 있는 〈마음 기획〉 심대환 대표, 박의룡 촬영감독
울릉도 어택캠프 이소민 대표
독도문방구 김민정 대표
2015년 함께 독도 수업을 꾸렸던 대보초등학교 5학년
김민석, 김민지, 배지훈, 오성진, 이은미, 전지현, 최민교

김현길 : 본문에 들어간 일부 사진을 제공해 주었습니다.(설명 앞에 ⓒ 표시가 붙은 사진)
김현길 님은 독도, 울릉도, 죽변, 감포, 호미곶 등대에서 항로 표지원으로
근무하며, 사진작가·시인으로 활동하고 있습니다. 특히 독도 홍보를 위해
재능기부재단인 고고독도와 5년 전부터 독도 사진전을 정기적으로 열고 있습니다.